Colette Samson

Alex et Zoé

et compagnie

1

Cahier d'activités

CLE
INTERNATIONAL

Bonjour ! Comment tu t'appelles ?

1A

Ecris une lettre et adresse-la à ton ou ta camarade !

Livre de l'élève p. 2
GP p. 6

> Bonjour ...., ça va ?
>
> Au revoir !
>
> ....

1B

Complète les bulles !

Livre de l'élève p. 2
GP p. 6

A a
B b
C c
D d
E e
F f
G g
H h
I i
J j
K k
L l
M m
N n
O o
P p
Q q
R r
S s
T t
U u
V v
W w
X x
Y y
Z z

1. Salut !
2. .... !
3. .... !
4. .... !
5. .... ?
6. .... !

Salut ! Bonjour ! Ça va ? Bonjour monsieur ! Bonjour madame ! Au revoir !

© CLE International / SEJER, 2010 – ISBN : 978-2-09-038331-7

1

Onubroj !

. . . . !

2

TAULS !

. . . . !

3

ua vreiro !

. . . . !

2A

Décode les messages secrets et écris-les !

Livre de l'élève p. 3
GP p. 8

4

Bonjourcommentçavaçavabienmerciettoi

. . . . ?

. . . . !

5

b=🌲 e=🐘 i=☂ j=🐼 m=🐰 n=🌸 o=🚀 u=🎈 s=🌙 r=🎁

🌲🚀🌸🐼🚀🎈🎁 !   🐰🚀🌸🌙☂🐘🎈🎁 !

. . . . !

Tu as besoin de :

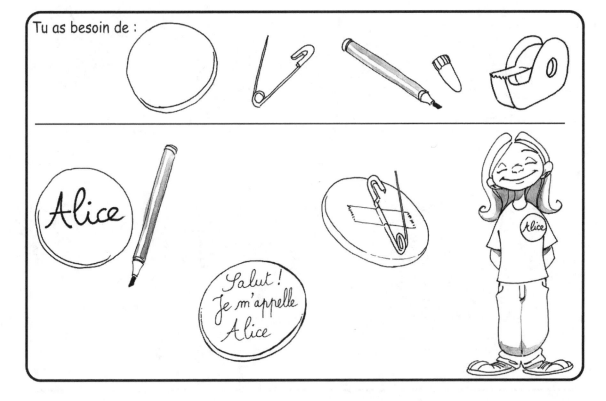

Alice

Salut !
Je m'appelle
Alice

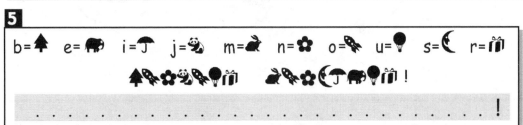

2B

Livre de l'élève p. 3
GP p. 8

Unité 1 LEÇON 2

3

3A

Relie les nombres aux mots !

Livre de l'élève p. 4
GP p. 10

7 8 4 5 6

2 1 9 3 10

deux   trois   cinq

un   sept   huit   quatre   six

neuf   dix

3B

Compte et écris le nombre de doigts !

Livre de l'élève p. 4
GP p. 10

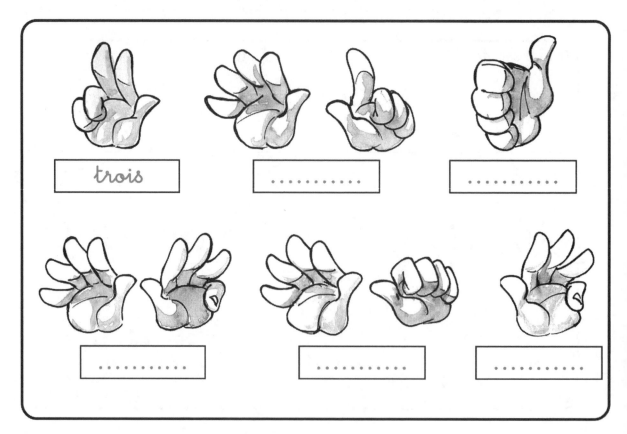

trois   ....

....

Unité 1 — LEÇON 4

Cahier de vie

Bonjour, ça va ?

....

Comment tu t'appelles ?

....

4A

Tu sais répondre
à ces questions ?

Livre de l'élève p. 5
GP p. 12

Test

1   *oui / non*
2   ....
3   ....
4   ....
5   ....
6   ....
7   ....
8   ....
9   ....
10   ....

MON SCORE : ... /10

4B

Tu sais dire ces
nombres en français ?
oui / non

Auto-évaluation, Unité 1

Super !   Pas mal !   À revoir !

4C

Evalue ton travail !

Dico-mémento

Tu as besoin de :

Ecris sur chaque page les lettres de l'alphabet,
puis découpe les mots page 63 et colle-les dans ton dico-mémento !

4D

Fabrique ton
dico-mémento et
contrôle ce que tu
sais avec ton voisin
ou ta voisine !

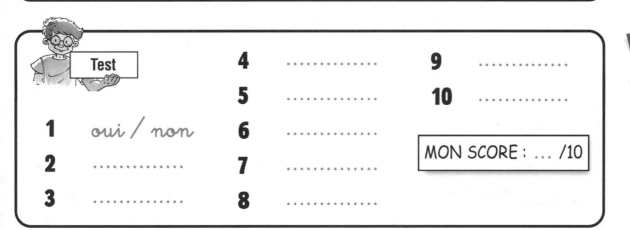

Tu as quel âge ?

1A

Va interviewer tes camarades !

Livre de l'élève p. 6
GP p. 14

Comment tu t'appelles ? Tu as quel âge ?	
Prénom	Âge
. . . .	
. . . .	
. . . .	
. . . .	
. . . .	
. . . .	
. . . .	

1B

Regarde et écris sous les dessins !

Livre de l'élève p. 6
GP p. 14

1

huit ans

2

. . . .

3

. . . .

4

. . . .

| j'ai | un frère | une sœur | trois frères | deux sœurs |
| | je n'ai pas de frère | | je n'ai pas de sœur | |

Bonjour .... !

Je m'appelle .... J'ai .... ans.

J'ai un .... et ....

Je n'ai pas de ....

Et toi ?

Salut !

....

2A

Ecris une lettre et adresse-la à ton ou ta camarade !

Livre de l'élève p. 7
GP p. 16

deux sœurs

....

2B

Ecris le nombre de frères et sœurs !

Livre de l'élève p. 7
GP p. 16

....

....

Unité 2 — LEÇON 3

Regarde et écris !

Livre de l'élève p. 8
GP p. 18

un chat - (un) chien - (un) hamster - (une) perruche - un poisson rouge - une tortue

J'ai ....

Je n'ai pas de ....

Compte et écris le nombre d'animaux !

Livre de l'élève p. 8
GP p. 18

trois chats, ...

....

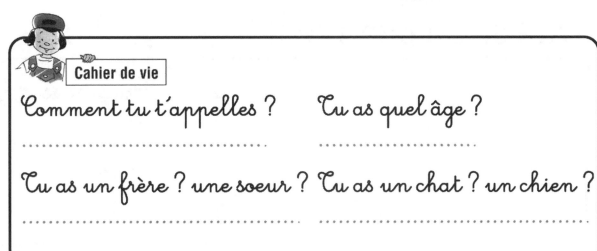

Cahier de vie

Comment tu t'appelles ?

Tu as quel âge ?

Tu as un frère ? une soeur ?

Tu as un chat ? un chien ?

4A

Tu sais répondre
à ces questions ?

Livre de l'élève p. 9
GP p. 20

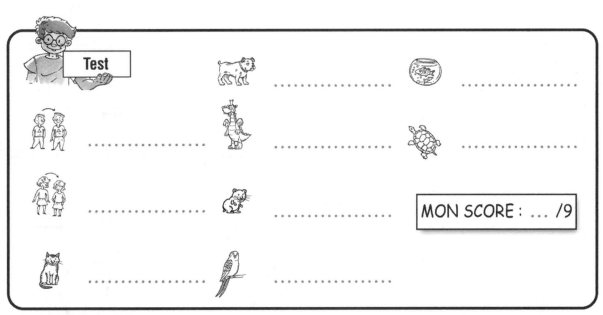

Test

MON SCORE : ... /9

4B

Tu sais dire ces mots
en français ?
Ecris-les avec
leur article !

Auto-évaluation, Unité 2

 **Super !**

 **Pas mal !**

 **À revoir !**

4C

Evalue ton travail !

 **Dico-mémento**

4D

Découpe les mots
et colle-les,
puis contrôle
ce que tu sais !

Qu'est-ce que c'est ?

1A

Dessine ta trousse,
ta gomme, etc.
et relie les mots !

Livre de l'élève p. 10
GP p. 22

ma trousse

mon crayon

ma gomme

mon stylo

ma règle

1B

Regarde et écris !

Livre de l'élève p. 10
GP p. 22

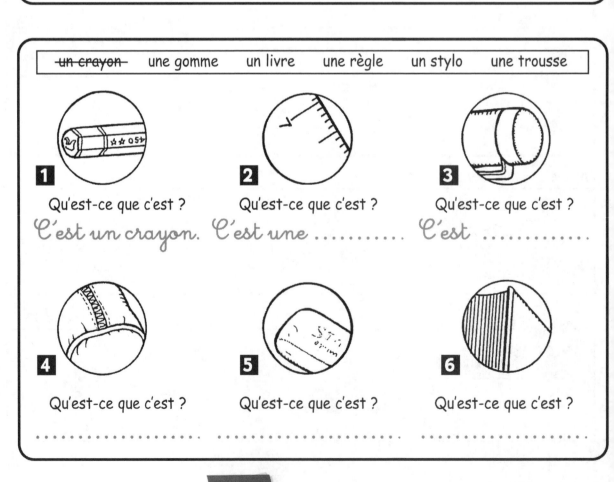

| ~~un crayon~~ | une gomme | un livre | une règle | un stylo | une trousse |

1 Qu'est-ce que c'est ?
C'est un crayon.

2 Qu'est-ce que c'est ?
C'est une . . . .

3 Qu'est-ce que c'est ?
C'est . . . .

4 Qu'est-ce que c'est ?

5 Qu'est-ce que c'est ?

6 Qu'est-ce que c'est ?

. . . .

Unité 3 LEÇON 2

2A

Retrouve le nom
des couleurs,
colorie les cailloux
et écris les mots !

Livre de l'élève p. 11
GP p. 24

noirrougevertblancjaunebleu

j . . . .

2B

Colorie les cases !
Qui est-ce ?

Livre de l'élève p. 11
GP p. 24

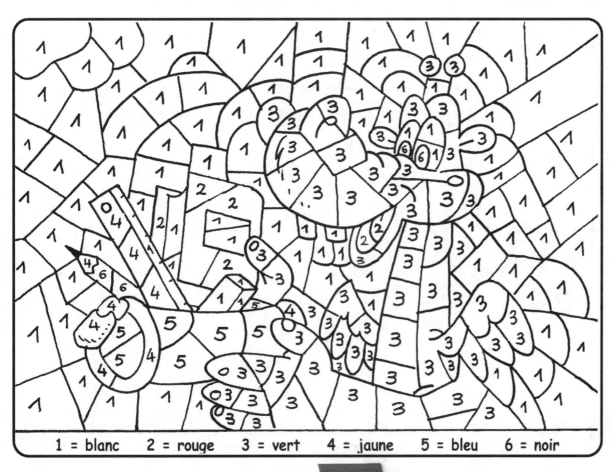

1 = blanc   2 = rouge   3 = vert   4 = jaune   5 = bleu   6 = noir

3A

Lis et écris les numéros !

Livre de l'élève p. 12
GP p. 26

☐ Prends ton livre !

☑ Prête-moi ton livre !

☐ Pose ton livre !

☐ Tiens, voilà mon livre !

3B

Livre de l'élève p. 12
GP p. 26

blanc (blanche) - bleu(e) - jaune - noir(e) - rouge - vert(e)

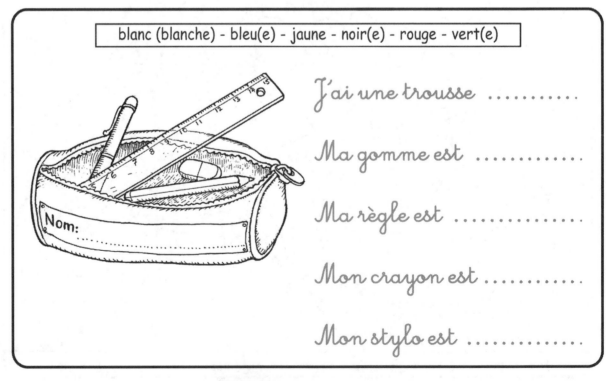

J'ai une trousse ....

Ma gomme est ....

Ma règle est ....

Mon crayon est ....

Mon stylo est ....

Unité **3** LEÇON 4

Cahier de vie

Comment tu t'appelles ?   Tu as quel âge ?

....

Tu as un chien ? une perruche ? de quelle couleur ?

....

4A

Tu sais répondre
à ces questions ?

Livre de l'élève p. 13
GP p. 28

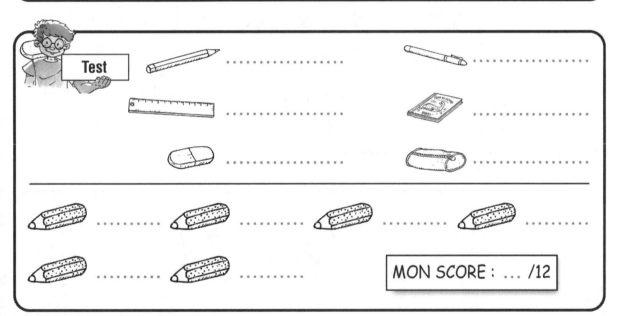

Test

MON SCORE : ... /12

4B

Tu sais dire
ces mots en français ?
Ecris-les
avec leur article !

Combien de couleurs
sais-tu dire
en français ?
Colorie les crayons
et écris les mots !

Auto-évaluation, Unité 3

Super !

Pas mal !

À revoir !

4C

Evalue ton travail !

Dico-mémento

4D

Découpe les mots
et colle-les,
puis contrôle
ce que tu sais !

13

Qui es-tu ? Qu'est-ce que tu fais ?

1A

Ecris les mots !

Livre de l'élève p. 16
GP p. 30

dauphin - dragon - ~~hamster~~ - éléphant - ours - papillon - perruche - tigre - tortue

1 *hamster* 2 3
4 5 6
7 8 9

1B

Fabrique ton badge !

Livre de l'élève p. 16
GP p. 30

Tu as besoin de :

Je suis un dauphin *Je suis un tigre*

un chat - un chien - un dauphin - un dragon - un éléphant - un hamster - un ours -
un papillon - une perruche - un poisson rouge - un tigre - une tortue

| je suis un(e) | je danse | je marche | je nage | je saute | je vole | comme un(e) |

Ecris une lettre
et adresse-la à ton
ou ta camarade !

Livre de l'élève p. 17
GP p. 32

Bonjour .... !

Ça va ? Aujourd'hui, ...

....

Salut !

....

| un chat - un chien - un dauphin - un dragon - un éléphant - un hamster - un ours - un papillon - une perruche - un poisson rouge - un tigre - une tortue |

Va interviewer
tes camarades !

Livre de l'élève p. 17
GP p. 32

Qui es-tu ? Qu'est-ce que tu fais ?

Prénoms							
....							
....							
....							
....							
....							
....							

3A

Relie les dessins aux phrases !

Livre de l'élève p. 18
GP p. 34

Tu voles !

Tu comptes !

Tu danses !

Tu chantes !

Tu nages !

Tu sautes à la corde !

3B

Complète les bulles !

Livre de l'élève p. 18
GP p. 34

Je marche et tu sautes !
Je danse et tu voles !

Je joue et tu chantes !
Je compte et tu nages !

Unité **4** LEÇON 4

Cahier de vie

Qu'est-ce que tu fais ? Tu chantes ? Tu joues? Tu comptes ?

Je ....

Tu nages comme un dauphin? Tu marches comme un ours ?

Je .... comme .... !

 4A

Tu sais répondre à ces questions ?

Livre de l'élève p. 19
GP p. 36

Test

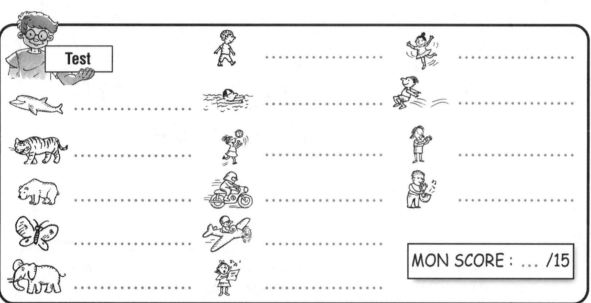

MON SCORE : ... /15

 4B

Tu sais dire ces mots en français ?
Ecris-les !
[Attention !
Ne pas mettre
« avec leur article »
svp.]

Auto-évaluation, Unité 4

Super ! Pas mal ! À revoir !

 4C

Evalue ton travail !

Dico-mémento

 4D

Découpe les mots et colle-les, puis contrôle ce que tu sais !

Qu'est-ce que tu veux ?

Regarde et écris !

Livre de l'élève p. 20
GP p. 38

| un vélo | une moto | un saxophone | une poupée | un robot | un ballon |

1 Qu'est-ce que c'est ?
C'est un vélo.

2 Qu'est-ce que c'est ?
C'est une ....

3 Qu'est-ce que c'est ?
C'est ....

4 Qu'est-ce que c'est ?
....

5 Qu'est-ce que c'est ?
....

6 Qu'est-ce que c'est ?
....

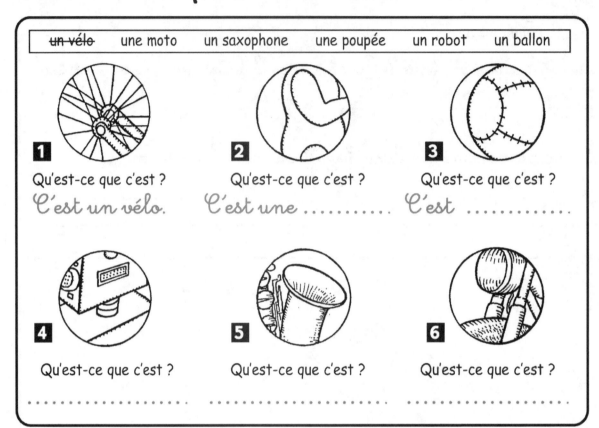

Ecris une lettre et adresse-la à ton ou ta camarade !

Livre de l'élève p. 20
GP p. 38

un vélo - une moto - un saxophone - une guitare - une poupée - un robot - un ballon
un frère - une sœur - un chat - un chien - un hamster - une perruche
un poisson rouge - une tortue - une gomme - un stylo - une trousse - une règle

Bonjour ....!

J'ai ....

....

Je n'ai pas de ....

....

Au revoir !

....

```
s c h a t r e g l e
a t r o u s s e f m
x o p a p i l l o n
o r s t y l o e t n
p o i s s o n p i x
h b a l l o n h g l
o o r s o e p a r i
n t r l i u m n e v
e u e h a m s t e r
o v c d r a g o n e
```

 →   ↓   ↗

trousse	éléphant	chien
règle	robot	ours
poisson	livre	dauphin
hamster	saxophone	vélo
papillon	tigre	
dragon		
stylo		↘
chat		
ballon		~~crayon~~

2A

Retrouve les mots et entoure-les dans la grille !

Livre de l'élève p. 21
GP p. 40

JOYEUX ANNIVERSAIRE !

1 **2** **3**

4 **5** **6**

5 Pour mon anniversaire, je veux danser.   ☐ Pour mon anniversaire, je veux boire.

☐ Pour mon anniversaire, je veux manger.   ☐ Pour mon anniversaire, je veux jouer.

☐ Pour mon anniversaire, je veux dormir.   ☐ Pour mon anniversaire, je veux chanter.

2B

Lis et numérote les phrases !

Livre de l'élève p. 21
GP p. 40

3A

A quoi joue une fille ?
A quoi joue un garçon selon toi ?
Mets une croix dans les cases !

Livre de l'élève p. 22
GP p. 42

Lis et colorie les jouets !

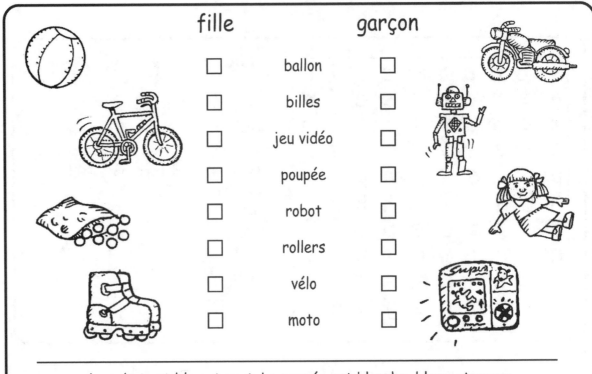

	fille		garçon
ballon	☐	☐	
billes	☐	☐	
jeu vidéo	☐	☐	
poupée	☐	☐	
robot	☐	☐	
rollers	☐	☐	
vélo	☐	☐	
moto	☐	☐	

Le robot est bleu et vert. La poupée est blanche, bleue et rouge.
Le roller est jaune et noir. Le ballon est rouge et blanc.
Le jeu vidéo est jaune. Le vélo est vert. Une bille est bleue. La moto est rouge.

3B

Reconstitue les phrases !

Livre de l'élève p. 22
GP p. 42

faire   ~~Je veux~~

Je veux   ~~aux billes.~~

~~jouer~~   Je veux

du saxophone.   du roller.

jouer   au ballon.   Je veux

Je veux   jouer

Je veux   Je veux   de la guitare.

jouer   faire

faire   Je veux   Je veux

jouer   du vélo.

à la poupée.   de la moto.

1. *Je veux jouer aux billes.*   5. . . . .

2. . . . .   6. . . . .

3. . . . .   7. . . . .

4. . . . .   8. . . . .

Cahier de vie

Qu'est-ce que tu fais ? Tu joues au ballon ? à la poupée ?

....

Qu'est-ce que tu veux pour ton anniversaire ?

....

Qu'est-ce que tu veux faire pour ton anniversaire ?

....

Tu sais répondre
à ces questions ?

Livre de l'élève p. 23
GP p. 44

Test

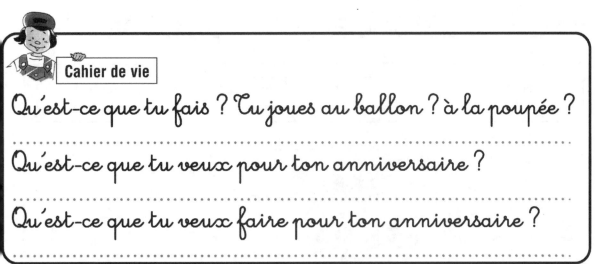
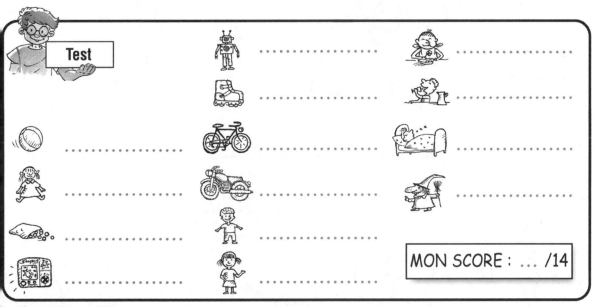

MON SCORE : ... /14

Tu sais dire ces
mots en français ?
Écris-les !
[Attention !
Ne pas mettre
« avec leur article »
svp.]

Auto-évaluation, Unité 5

 Super !

 Pas mal !

 À revoir !

Évalue ton travail !

 **Dico-mémento**

Découpe les mots
et colle-les,
puis contrôle
ce que tu sais !

Noël ? Qu'est-ce qu'il y a à Noël ?

1A

Ecris les mots !

Livre de l'élève p. 24
GP p. 46

le père Noël un vélo   des rollers   un ballon   une poupée   une guitare
des billes   un jeu vidéo   un robot   des chocolats   une bûche de Noël

le père Noël

1B

Relie les nombres
aux mots !

Livre de l'élève p. 24
GP p. 46

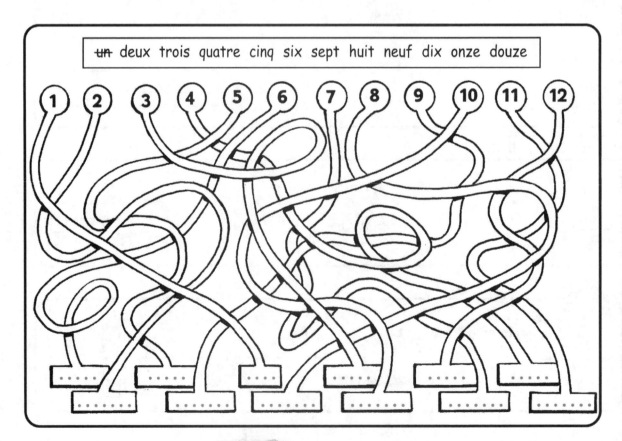

un deux trois quatre cinq six sept huit neuf dix onze douze

2A

Ecris !

Livre de l'élève p. 25
GP p. 48

| des rollers | un télescope | un ours | un appareil photo |

1

2

Je voudrais ....

3

4

....

2B

Ecris ta lettre
au père Noël
et décore-la !

Livre de l'élève p. 25
GP p. 48

| un livre   un stylo   un saxophone   une guitare   un chat   un chien   un ours |
| un dauphin   un ballon   des billes   un jeu vidéo   une poupée   un robot |
| des rollers   un vélo   des chocolats   un télescope   un appareil photo |

Cher père Noël !

Je voudrais ....

Je voudrais aussi ....

....

Merci !

....

3A

Décris ce qu'il y a !

Livre de l'élève p. 26
GP p. 50

1. Il y a un ballon. 2. Il y a une ....

3. Il y a .... 4. .... 5. ....

6. .... 7. ....

3B

Regarde l'image dans le livre page 26. Ecris les mots !

Livre de l'élève p. 26
GP p. 50

b	billes
	_ _ _ _ _ _
	_ _ _ _ _ _ (de Noël)
	_ _ _ _ _ _
	_ _ _ _ _ (de Noël)
c	_ _ _ _
	_ _ _ _ _
	_ _ _ _ _ _ _
	_ _ _ _ _ _
d	_ _ _ _ _ _ _
	_ _ _ _ _ _
e	_ _ _ _ _ _ _
	_ _ _ _ _ _

g	_ _ _ _ _ _ _
	_ _ _ _ _ _ _
p	_ _ _ _ _ _ _
	_ _ _ _ _ _ _
	_ _ _ _ _ _ _
	_ _ _ _ _ _
t	_ _ _ _ _ _ _ _
	_ _ _ _ _
	_ _ _ _ _
	_ _ _ _ _ _
v	_ _ _ _

4A

Tu sais répondre
à cette question ?

Livre de l'élève p. 27
GP p. 52

| **Cahier de vie** |

Qu'est-ce que tu voudrais pour Noël ?

Pour Noël, je voudrais ....

....

....

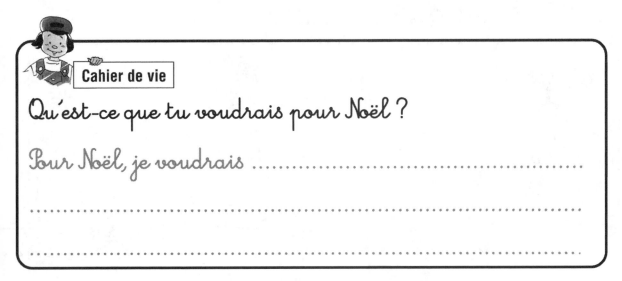

| **Test** |

4B

Tu sais dire ces mots
en français ?
Ecris-les !
[Attention !
Ne pas mettre
« avec leur article »
svp.]

11 .... **12** ....

MON SCORE : ... /14

Auto-évaluation, Unité 6

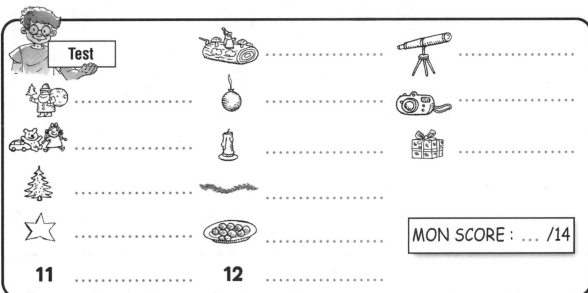

Super !   **Pas mal !**   **À revoir !**

4C

Evalue ton travail !

Dico-mémento

4D

Découpe les mots
et colle-les,
puis contrôle
ce que tu sais !

Qu'est-ce que tu aimes ?

Lis et écris les noms !

Livre de l'élève p. 30
GP p. 54

J'ai trois bananes, une pomme, une orange et une poire ! | Alex

J'ai trois pommes, une banane, une orange et deux poires ! | . . . .

J'ai une banane, une orange, trois pommes et pas de poire ! | . . . .

J'ai trois bananes, trois pommes, une orange et deux poires ! | . . . .

Retrouve le nom des fruits et écris les mots !

Livre de l'élève p. 30
GP p. 54

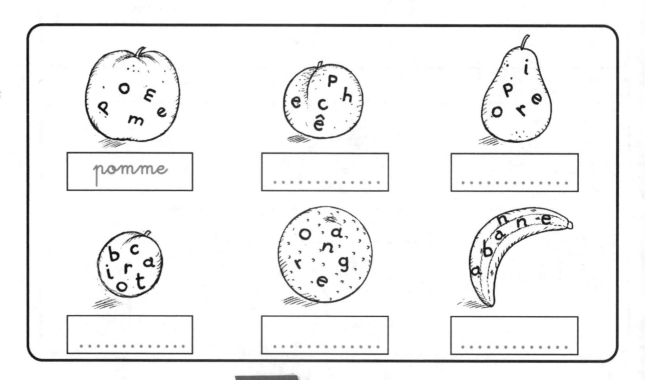

pomme | . . . . | . . . .

. . . . | . . . . | . . . .

Dessine et écris !
Puis adresse
ta lettre à ton ou
ta camarade !

Livre de l'élève p. 31
GP p. 56

J'aime	Je n'aime pas

J'aime les frites. J .... le poisson. J ....la salade. J .... le fromage. J .... le poulet. J .... les pommes. J .... les bananes. J .... les oranges. J .... les gâteaux.

Ecris les mots !

Livre de l'élève p. 31
GP p. 56

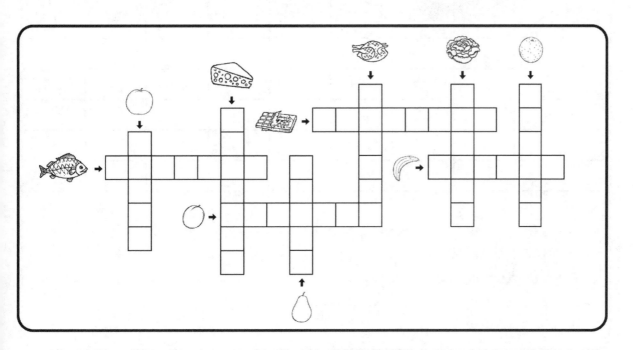

Ecris !

Livre de l'élève p. 32
GP p. 58

1. Il aime ....

2. Il aime ....

3. Il aime ....

Va interviewer tes
camarades et écris !

Livre de l'élève p. 32
GP p. 58

Tu aimes? / Prénoms	la salade	le poisson		les frites	le fromage	les pommes	les bananes	les gâteaux
....	/		)		(	)	\	/
....								
....								
....								
....								

.... aime le poulet, les frites et les bananes.

.... aime ....

.... aime ....

.... aime ....

.... aime ....

4A

Tu sais répondre
à ces questions ?

Livre de l'élève p. 33
GP p. 60

Cahier de vie

Qu'est-ce que tu aimes ?

J...

Qu'est-ce que tu n'aimes pas ?

J...

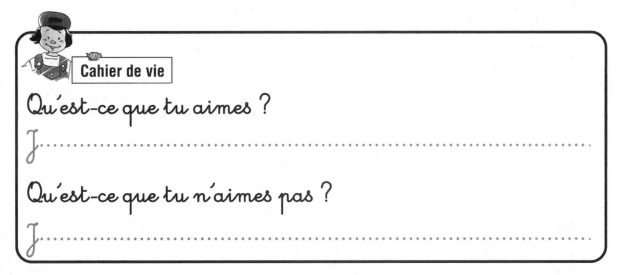

Test

4B

Tu sais dire ces mots
en français ?
Ecris-les avec
leur article !

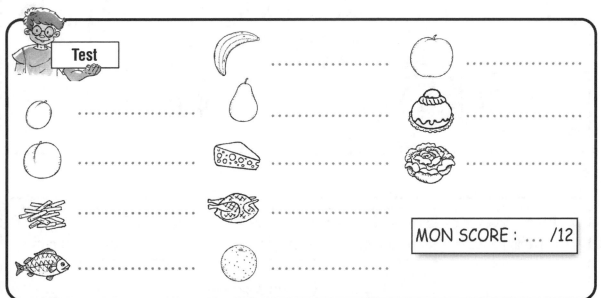

MON SCORE : ... /12

Auto-évaluation, Unité 7

Super !

Pas mal !

À revoir !

4C

Evalue ton travail !

Dico-mémento

4D

Découpe les mots
et colle-les,
puis contrôle
ce que tu sais !

Qu'est-ce que tu sais faire ?

1A

Lis et colorie
les nombres !

Livre de l'élève p. 34
GP p. 62

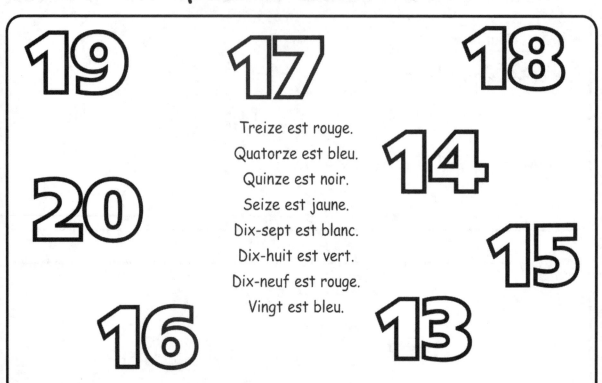

19   17   18

Treize est rouge.
Quatorze est bleu.
Quinze est noir.
Seize est jaune.
Dix-sept est blanc.
Dix-huit est vert.
Dix-neuf est rouge.
Vingt est bleu.

20   14   15

16   13

1B

Réponds et écris !

Livre de l'élève p. 34
GP p. 62

| | lire | écouter de la musique | compter | dessiner | jouer au ballon | nager |
| | jouer à la poupée | jouer aux billes | faire du vélo | dormir | danser | chanter |

Ce que j'aime faire

☺ beaucoup									
☺ un peu									
☹ pas du tout									

J'aime ....

Bonjour .... !

J'aime ....

Je n'aime pas ....

Et toi ? Qu'est-ce que tu aimes faire ?

Au revoir !

....

2A

Ecris une lettre et adresse-la à ton ou ta camarade !

Livre de l'élève p. 35
GP p. 64

| faire du cheval | jongler | faire la cuisine | jouer de la flûte | faire du ski | faire du judo |

2B

Ecris !

Livre de l'élève p. 35
GP p. 64

Mamie sait ....

Alex ne sait pas ....

Loulou ....

Zoé ....

Croquetout ....

Basile ....

3A

Va interviewer tes camarades et écris !

Livre de l'élève p. 36
GP p. 66

Est-ce que tu sais...?

Prénoms	faire du cheval	faire la cuisine	jongler	sauter à la corde	jouer aux billes	nager	danser	faire du vélo	jouer de la flûte
. . . .									
. . . .									
. . . .									
. . . .									
. . . .									

sait = *oui*

ne sait pas = *non*

. . . . . . *sait* . . . . *Il / Elle ne sait pas* . . . .

. . . . . . *sait* . . . . *Il / Elle ne sait pas* . . . .

. . . . . . *sait* . . . . *Il / Elle ne sait pas* . . . .

. . . . . . *sait* . . . . *Il / Elle ne sait pas* . . . .

. . . . . . *sait* . . . . *Il / Elle ne sait pas* . . . .

3B

Regarde l'image dans le livre page 36.
Ecris les mots !

Livre de l'élève p. 36
GP p. 66

f (jouer de la) *f l û t e*
(jouer au) _ _ _ _ _ _ _ _

c _ _ _ _ _ _ _ _
_ _ _ _ _ _ _ _
(faire du) _ _ _ _ _ _ _
(faire la) _ _ _ _ _ _ _

g (jouer de la) _ _ _ _ _ _ _
(manger du) _ _ _ _ _ _

j _ _ _ _ _ _ _
(faire du) _ _ _ _ _

n _ _ _ _ _

s (jouer du) _ _ _ _ _ _ _ _ _
(faire du) _ _ _
_ _ _ _ _ _ _ (à la corde)

r (faire du) _ _ _ _ _ _

t (jouer au) _ _ _ _ _ _

4A

Tu sais répondre
à ces questions ?

Livre de l'élève p. 37
GP p. 68

Cahier de vie

Qu'est-ce que tu sais faire ?

....

Qu'est-ce que tu ne sais pas faire ?

....

4B

Tu sais dire
ces mots en français ?
Ecris-les !
[Attention !
Ne pas mettre
« avec leur article »
svp.]

Tu sais dire ces
nombres en français ?
oui / non

Test

13	14	15 ....
16	17	18 ....
19	20	MON SCORE : ... /18

Auto-évaluation, Unité 8

 Super !

 Pas mal !

 À revoir !

4C

Evalue ton travail !

Dico-mémento

4D

Découpe les mots
et colle-les,
puis contrôle
ce que tu sais !

Qu'est-ce que tu mets aujourd'hui ?

1A

Complète les bulles !

Livre de l'élève p. 38
GP p. 70

Je mets	une robe	un pantalon	un pull	une jupe	un jean	un tee-shirt

1B

Relie les mots aux vêtements !

Livre de l'élève p. 38
GP p. 70

des chaussettes   un pantalon   une jupe

un tee-shirt

un pull   des chaussures

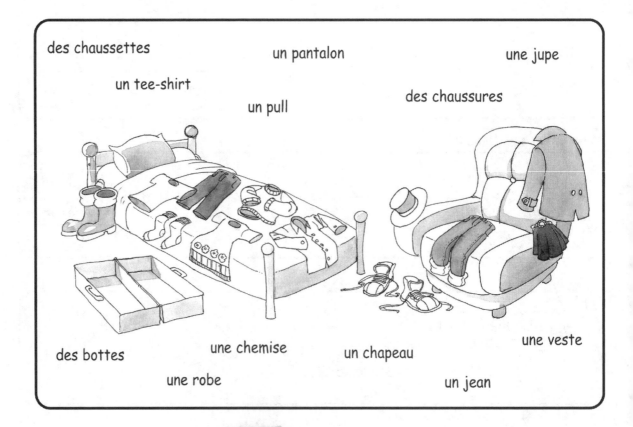

des bottes   une chemise   un chapeau   une veste

une robe   un jean

2A

Colorie et écris !

Livre de l'élève p. 39
GP p. 72

| beige | orange | gris | rose | marron | violet |

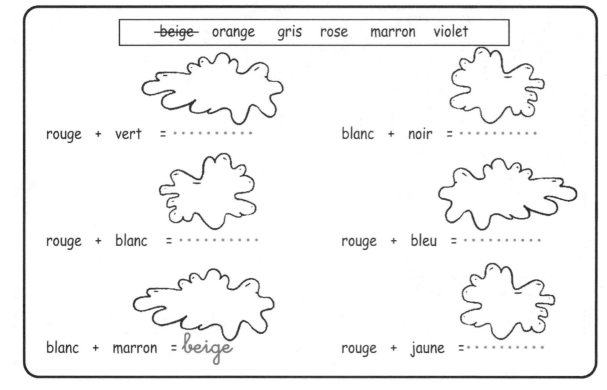

rouge + vert = · · · · · · · · · ·

blanc + noir = · · · · · · · · · ·

rouge + blanc = · · · · · · · · · ·

rouge + bleu = · · · · · · · · · ·

blanc + marron = *beige*

rouge + jaune = · · · · · · · · · ·

2B

Lis et colorie !

Livre de l'élève p. 39
GP p. 72

Mamie a une robe verte,
une veste bleue,
un chapeau rose et
des chaussures noires.

Alex a un pantalon gris,
un pull rouge,
des bottes jaunes
et un bonnet orange.

Zoé a un jean bleu,
un tee-shirt violet,
des chaussettes orange et
des baskets beiges.

3A

Ecris une lettre et adresse-la à ton ou ta camarade !

Livre de l'élève p. 40
GP p. 74

chaussures chemise gilet jean jupe pantalon pull robe tee-shirt veste

blanc (blanche)   beige   bleu(e)   gris(e)   jaune   noir(e)
rose   rouge   vert(e)   orange   marron   violet(te)

Bonjour .... !

Aujourd'hui j'ai un tee-shirt ....

....

....

Et toi, qu'est-ce que tu as ?

Salut ! À bientôt !

....

3B

Colorie les person-nages et complète le texte !

Livre de l'élève p. 40
GP p. 74

Le magicien a un pantalon ...., un gilet ...., une veste ...., des bottes .... et un chapeau ....

La sorcière a une jupe ...., une veste ...., des chaussures .... et un chapeau ....

La fée a une robe..................., un chapeau .... et des chaussures ....

Le clown a un pantalon ...., une veste ...., des chaussures .... et un chapeau................... .

Cahier de vie

Qu'est-ce que tu mets pour le carnaval ?

Je mets ....

Je suis ....

4A

Tu sais répondre
à cette question ?

Livre de l'élève p. 41
GP p. 76

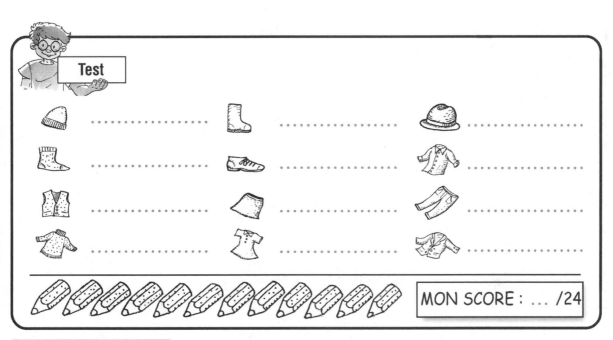

Test

MON SCORE : ... /24

4B

Tu sais dire ces mots
en français ?
Ecris-les avec
leur article !

Combien de couleurs
sais-tu dire en français ?
Colorie les crayons !

Auto-évaluation, Unité 9

Super !   Pas mal !   À revoir !

4C

Evalue ton travail !

Dico-mémento

4D

Découpe les mots
et colle-les,
puis contrôle
ce que tu sais !

Qu'est-ce que tu prends au petit déjeuner ?

1A

Ecris les mots !

Livre de l'élève p. 44
GP p. 78

| croissant | tartine | café | pain grillé | lait | gâteau |

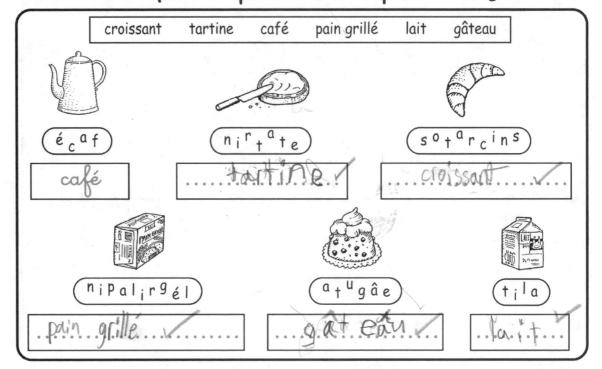

é c a f

café

n i r t a t e

tartine !

s o t a r c i n s

croissant ✓

n i P a l i r g é l

pain grillé ✓

a t u g â e

gâteau

t i l a

lait ✓

1B

Complète les phrases !

Livre de l'élève p. 44
GP p. 78

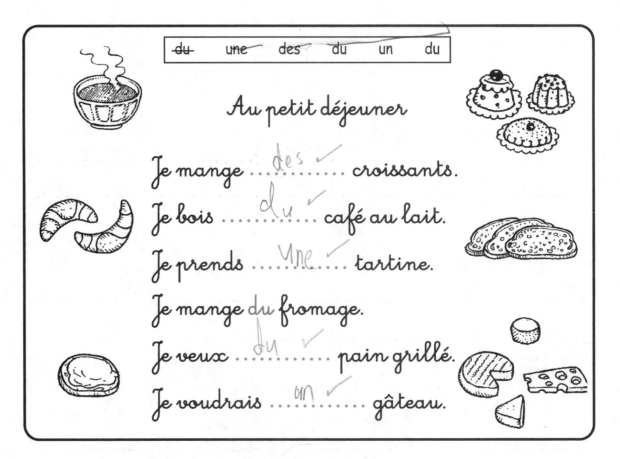

du   une   des   du   un   du

Au petit déjeuner

Je mange ....des.... croissants.

Je bois .....du..... café au lait.

Je prends .....une..... tartine.

Je mange du fromage.

Je veux ....du.... pain grillé.

Je voudrais ....un.... gâteau.

devón

une tartine
du lait
du chocolat
du pain grillé
des céréales
de la confiture
du thé
un croissant
un œuf
du jus d'orange

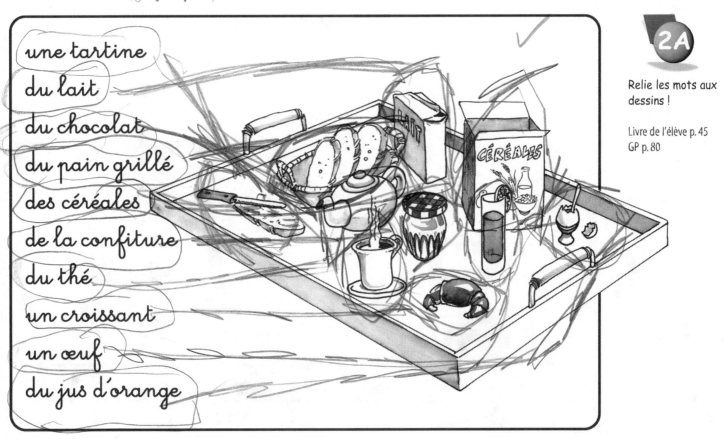

2A

Relie les mots aux dessins !

Livre de l'élève p. 45
GP p. 80

a	a n n i v e r s a i r e
	a p r i c o t O.
e	e _ _ _ _ _ _ 👂
	e l e p h a n t 🐘
	e t o i l e ⭐
i	_ _ _ _ _ 🌸
o	œ u f 🥚
	o r a n g e 🟠
	o u r s 🐻

u	u n e 1
h	h a m s t e r 🐹
	h u i t 8
j	j e a n 👖
	j e u (-vidéo) 🎮
	_ _ _ _ 🧍
	j u p e
	j u s (d'orange) 🍼

2B

Ecris les mots !

Livre de l'élève p. 45
GP p. 80

devoir

A+

3A

Décris ton petit déjeuner, dessine-le et envoie ta lettre à ton ou ta camarade !

Livre de l'élève p. 46
GP p. 82

Mon petit déjeuner

Au petit déjeuner, je prends ......le pain grillé. ✓ ....

Je prends aussi ......un œuf ✓ ....

Et toi ?

Salut !
......James. ✓ ......

3B

Va interviewer tes camarades !

Livre de l'élève p. 46
GP p. 82

 A+

Qu'est-ce que tu prends au petit déjeuner ? Tu prends du café ? du thé ?

Prénoms	du café	du thé	du chocolat	du jus d'orange	du lait	du pain	de la confiture	des céréales	un œuf
Saf				▨	✓				✓
Kate						▨			▨
Sophie			▨			▨			
Mr. Serge				▨				✓	
▨ Mr.						✗			▨

......Saf....prend...du...lait.

......Kate...prend...du pain et un œuf.

......Sophie...prend du chocolat et du pain.

...Mr...Serge..prend..du..jus

...Un person..prend..un..œuf

Mend

Cahier de vie

Qu'est-ce que tu bois au petit déjeuner ?

J..

Qu'est-ce que tu manges au petit déjeuner ?

J..

4A

Tu sais répondre
à ces questions ?

Livre de l'élève p. 47
GP p. 84

Test

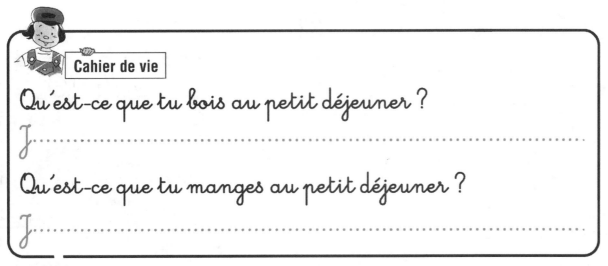
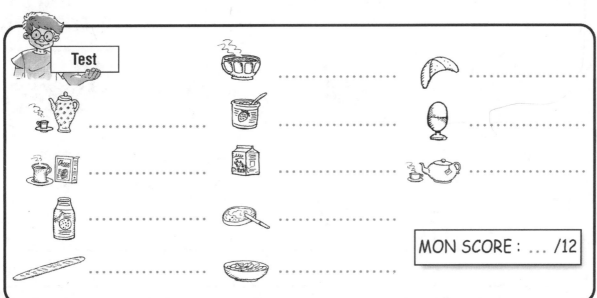

MON SCORE : ... /12

4B

Tu sais dire ces mots
en français ?
Ecris-les avec
leur article !

Auto-évaluation, Unité 10

 Super !   Pas mal !    À revoir !

4C

Evalue ton travail !

Dico-mémento

4D

Découpe les mots
et colle-les,
puis contrôle
ce que tu sais !

Quelle heure est-il ?

1A

Lis les phrases et écris les jours de la semaine !

Livre de l'élève p. 48
GP p. 86

Mecredi

Jeud'

Dimanche

Vendredi

lundi

Mardi

Samedi

[X] Lundi, je fais du vélo.

[✓] Mardi, je dessine.

[✓] Mercredi, je regarde la télévision.

[✓] Jeudi, j'écoute de la musique.

[✓] Vendredi, je joue de la flûte.

[✓] Samedi, je vais nager.

[✓] Dimanche, je vais au cinéma.

1B

Retrouve les mots et entoure-les dans la grille !

Livre de l'élève p. 48
GP p. 86

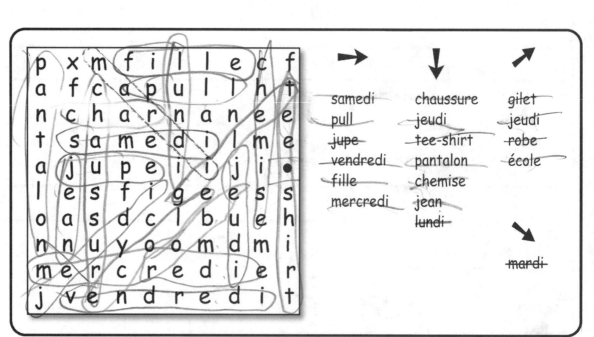

p	x	m	f	i	l	l	e	c	f
a	f	c	a	p	u	l	l	h	t
n	c	h	a	r	n	a	n	e	e
t	s	a	m	e	d	i	l	m	e
a	j	u	p	e	i	i	j	i	s
l	e	s	f	i	g	e	e	s	h
o	a	s	d	c	l	b	u	e	i
n	n	u	y	o	o	m	d	m	r
m	e	r	c	r	e	d	i	e	r
j	v	e	n	d	r	e	d	i	t

→ samedi pull jupe vendredi fille mercredi

↓ chaussure jeudi tee-shirt pantalon chemise jean lundi

↗ gilet jeudi robe école

↘ mardi

2A

Lis et écris
les numéros !

Livre de l'élève p. 49
GP p. 88

Bien
A

Le numéro vingt et un est un appareil photo !
Le numéro vingt-deux est un ballon !
Le numéro vingt-trois est une guitare !
Le numéro vingt-quatre est un bonnet !
Le numéro vingt-cinq est un clown !
Le numéro vingt-six est un jeu vidéo !
Le numéro vingt-sept est un chat !
Le numéro vingt-huit est un chapeau !
Le numéro vingt-neuf est un livre !
Le numéro trente est une flûte !
Le numéro trente et un est un ours !
Le numéro trente-deux est un robot !

2B

Relie les nombres
aux mots !

Livre de l'élève p. 49
GP p. 88

Bravo !
A+

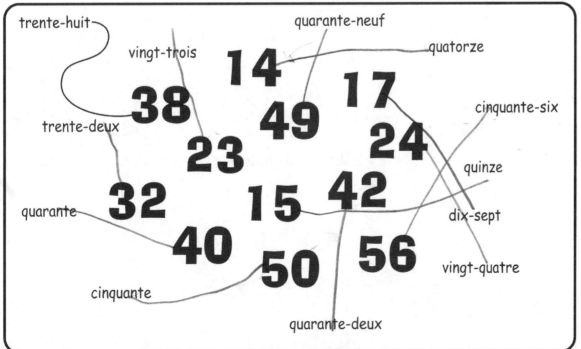

trente-huit
vingt-trois   quarante-neuf
                                    quatorze
14
38   **49**   **17**   cinquante-six
trente-deux
        23   **24**
                                    quinze
32   **15**   **42**
quarante   dix-sept
        40   **56**
                              vingt-quatre
            50
cinquante
                quarante-deux

3A

Ecris l'heure qu'il est !

Livre de l'élève p. 50
GP p. 90

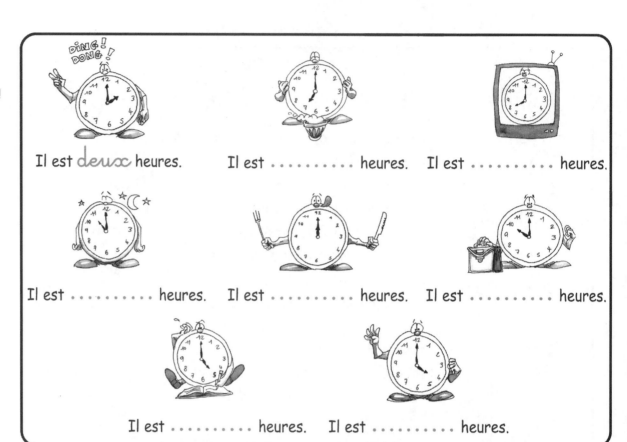

Il est *deux* heures.   Il est . . . . heures.   Il est . . . . heures.

Il est . . . . heures.   Il est . . . . heures.   Il est . . . . heures.

Il est . . . . heures.   Il est . . . . heures.

3B

Dessine l'heure
qu'il est !

Livre de l'élève p. 50
GP p. 90

Il est une heure.   Il est trois heures.   Il est six heures.

Il est neuf heures.   Il est onze heures.   Il est quatre heures.

4A

Tu sais répondre
à ces questions ?

Livre de l'élève p. 51
GP p. 92

Cahier de vie

Qu'est-ce que tu fais lundi ?

....

Qu'est-ce que tu fais mercredi ?

....

Et dimanche ?

....

4B

Tu sais dire ces mots
en français ? oui / non

Tu sais dire ces
nombres en français ?
oui / non

Tu sais dire les jours
de la semaine
en français ?
oui / non

Test

oui / non

21	22	23
30	40	50

DIMANCHE	LUNDI	MARDI	MERCREDI	JEUDI	VENDREDI	SAMEDI
3	4	5	6	7	8	9

MON SCORE : ... /16

Auto-évaluation, Unité 11

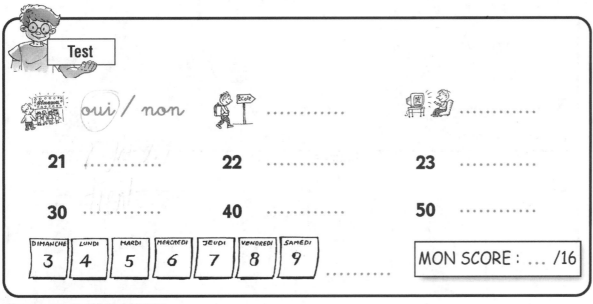

Super !   Pas mal !   À revoir !

4C

Evalue ton travail !

Dico-mémento

4D

Découpe les mots
et colle-les,
puis contrôle
ce que tu sais !

Tu as les yeux de quelle couleur ?

1A

Lis les consignes et écris le numéro de l'image !

Livre de l'élève p. 52
GP p. 94

1 ☐   **4** ☐

2 ☐   **5** ☐

3 ☐   **6** ☐

2 Sautez sur un pied !   ☐ Secouez les mains !   ☐ Tournez la tête !

☐ Levez les bras !   ☐ Secouez les bras !   ☐ Pliez les jambes !

1B

Trouve les mots et écris-les !

Livre de l'élève p. 52
GP p. 94

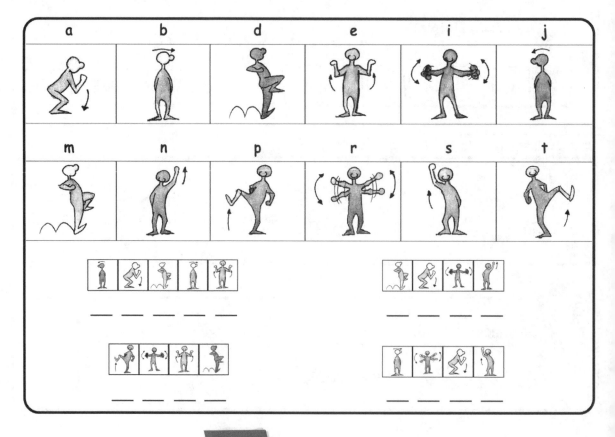

tête

bras

main

jambe

pied

Je m'appelle
..................!

Voilà mon monstre :

Il a ....tête , ...

..........bras et .....

....

..........................!

2A

Dessine ton monstre, décris-le et donne-lui un nom !

Livre de l'élève p. 53
GP p. 96

| Blirp | .... | .... | .... | .... |

2B

Lis, écris le nom des monstres et colorie-les !

Livre de l'élève p. 53
GP p. 96

1. Voilà Blarp : il a deux bras bleus, six jambes orange et six pieds noirs.
2. Blourp est vert et jaune. Il a deux têtes, une jambe et six mains.
3. Blirp est rose. Il a deux bras, deux mains et quatre jambes.
4. Voilà Bleurp : il a une tête grise, un corps vert, un bras et une main rouges, deux jambes et deux pieds gris.
5. Blorp a une tête blanche, trois bras roses, cinq jambes et cinq pieds violets.

3A

Dessine ton portrait et envoie-le à ton ou ta camarade !

Livre de l'élève p. 54
GP p. 98

Mon portrait

J'ai les cheveux .... et les yeux..............
Et toi ?

À plus tard ! ....

3B

Ecris les mots !

Livre de l'élève p. 54
GP p. 98

la veste	la tête	la chemise	le lait	les cheveux	l'œuf	la robe	le fromage
le nez	le chapeau	l'oreille	le poulet	la jupe	le bras	la confiture	la main
le gilet	le gâteau	le pull	la jambe	le poisson	le pantalon	la salade	le pied

vêtements   **aliments**   **corps**

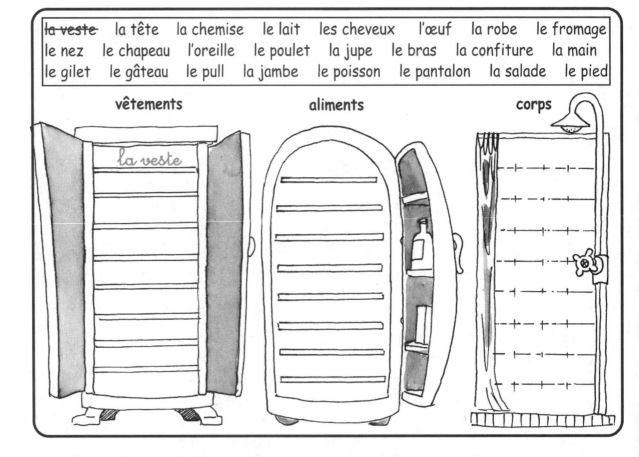

la veste

Cahier de vie

Tu as les yeux de quelle couleur ?

J..

Tu as les cheveux de quelle couleur ?

J..

Tu sais répondre
à ces questions ?

Livre de l'élève p. 55
GP p. 100

Test

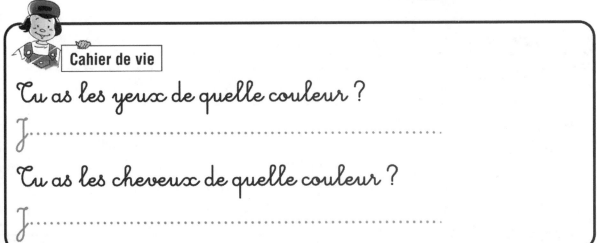
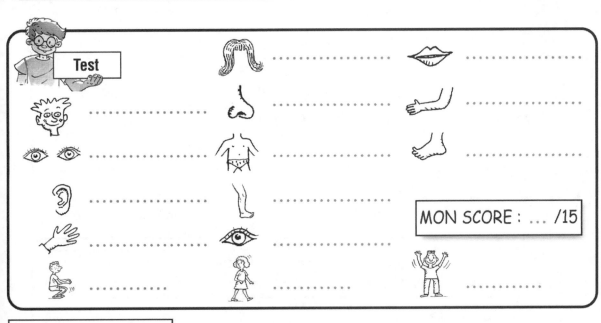

MON SCORE : ... /15

Tu sais dire ces mots
en français ?
Ecris-les avec
leur article !

Tu sais donner ces
consignes ? oui / non

Auto-évaluation, Unité 12

 Super !   Pas mal !   À revoir !

Evalue ton travail !

 **Dico-mémento**

Découpe les mots
et colle-les,
puis contrôle
ce que tu sais !

Où es-tu ?

Relie les animaux à leur cri et écris leur nom !

Livre de l'élève p. 58
GP p. 102

l'âne   le canard   le coq   le mouton   la poule   la vache

Bêêê !

Cot-cot codé !

Coin-coin !

Cocorico !

I-an !

Meuh !

l' . . . .   le . . . .   le . . . .

la . . . .   le . . . .   la . . . .

Complète le texte et colorie les animaux !

Livre de l'élève p. 58
GP p. 102

~~chante~~	coq	poule	canard	vache	âne	
	mange	donne du lait	nage	donne des œufs	des pommes	

À la ferme, il y a un [coq] . . . . . . rouge, noir et orange. Il *chante*.

Il y a une [poule] . . . . blanche. Elle . . . .

Il y a un [canard] . . . . vert, jaune et marron. Il . . . .

Il y a une [vache] . . . . marron. Elle . . . .

Il y a un [âne] . . . . gris. Il . . . . du pain et . . . . !

Unité **13** LEÇON 2

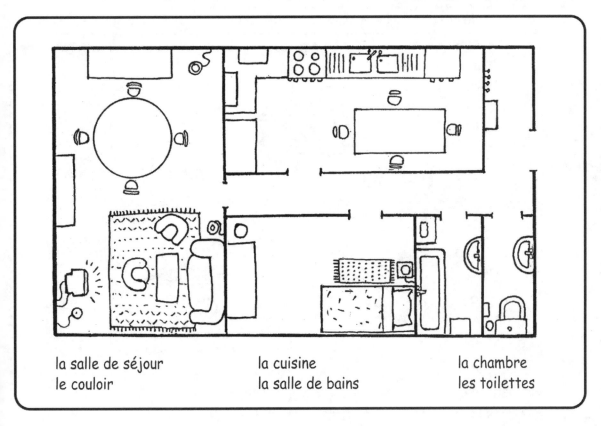

la salle de séjour   la cuisine   la chambre
le couloir   la salle de bains   les toilettes

2A

Relie les mots aux dessins !

Livre de l'élève p. 59
GP p. 104

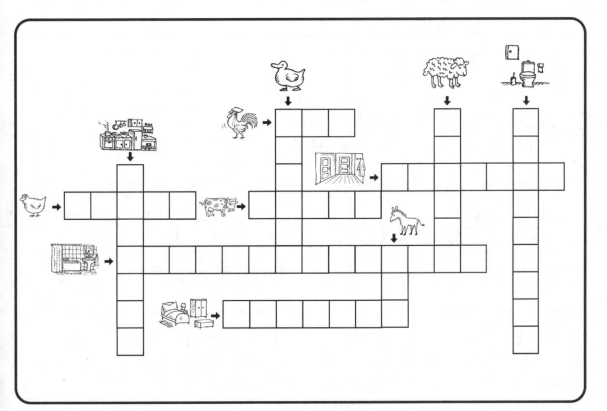

2B

Ecris les mots !

Livre de l'élève p. 59
GP p. 104

3A

Complète
les phrases !

Livre de l'élève p. 60
GP p. 106

salle de bains - télévision - cuisine - billes - salle de séjour - cuisine - chambre - musique

□ Je suis dans la . . . . : je regarde la . . . . !

□ Je suis dans la . . . . : je fais la . . . . !

□ Je suis dans la . . . . : j'écoute de la . . . . !

□ Je suis dans la . . . . : je joue aux . . . . !

3B

Lis et dessine
les objets !

Livre de l'élève p. 60
GP p. 106

Il y a un gâteau et du chocolat dans la chambre ! Il y a une poupée et un stylo dans la cuisine ! Il y a une pomme et une banane dans la salle de bains ! Il y a un ballon dans les toilettes ! Il y a des chaussettes dans la salle de séjour !

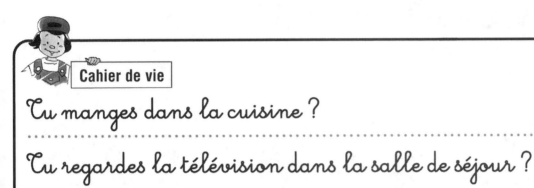

Cahier de vie

Tu manges dans la cuisine ?

....

Tu regardes la télévision dans la salle de séjour ?

....

Tu joues dans ta chambre ?

....

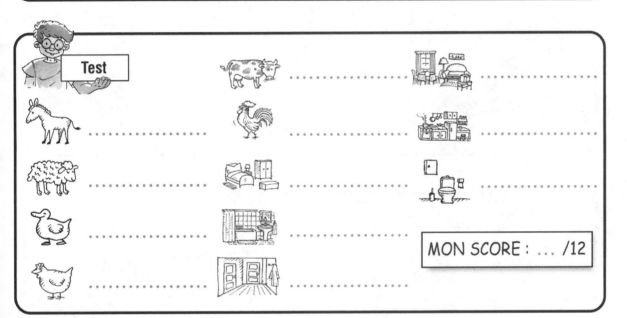

Test

MON SCORE : ... /12

Auto-évaluation, Unité 13

Super !

Pas mal !

À revoir !

 **Dico-mémento**

 4A

Tu sais répondre à ces questions ?

Livre de l'élève p. 61
GP p. 108

4B

Tu sais dire ces mots en français ?
Ecris-les avec leur article !

4C

Evalue ton travail !

4D

Découpe les mots et colle-les, puis contrôle ce que tu sais !

53

Où vas-tu ?

1A

Relie les mots aux dessins !

Livre de l'élève p. 62
GP p. 110

1B

Complète les bulles !

Livre de l'élève p. 62
GP p. 110

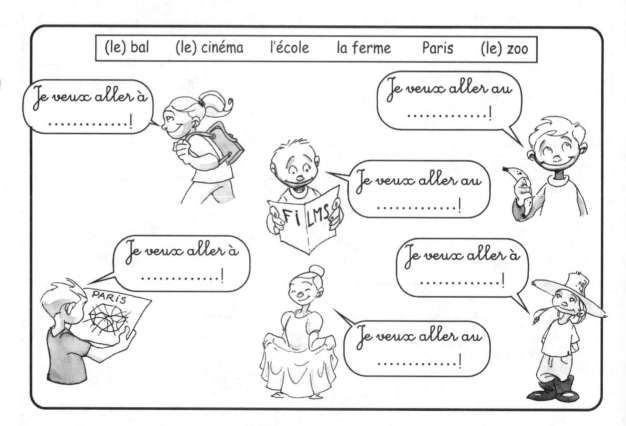

(le) bal   (le) cinéma   l'école   la ferme   Paris   (le) zoo

Je veux aller à .... !

Je veux aller au .... !

Je veux aller au .... !

Je veux aller à .... !

Je veux aller à .... !

Je veux aller au .... !

2A

Lis et numérote
les phrases !

Livre de l'élève p. 63
GP p. 112

1	**4**
2	**5**
3	**6**

3 Aujourd'hui, je vais à l'école en taxi !

☐ Et moi, je vais à la ferme à vélo !

☐ Aujourd'hui, je vais au cinéma en bus !

☐ Moi, je vais au bal à cheval !

☐ Je vais à la piscine à moto !

☐ Je vais au zoo en train !

2B

Va interviewer
tes camarades !

Livre de l'élève p. 63
GP p. 112

Tu aimes ? / Prénoms	prendre le bus	prendre le métro	prendre la voiture	prendre le train	prendre le bateau	prendre le taxi	faire du vélo	aller à pied
. . . .								
. . . .								
. . . .								
. . . .								
. . . .								

. . . . aime . . . .

. . . . aime . . . .

. . . . aime . . . .

. . . . aime . . . .

. . . . aime . . . .

3A

Ecris une lettre et envoie-la à ton ou ta camarade !

Livre de l'élève p. 64
GP p. 114

en bateau	en bus	en métro	à pied	en taxi	en train	à vélo	en voiture

Bonjour ....!

Je vais à l'école ....

Je voudrais aussi aller à l'école ....!

Et toi ?

Au revoir !

....

3B

Ecris le mots !

Livre de l'élève p. 64
GP p. 114

~~le hamster~~   le ballon   la voiture   le tigre   les billes   le métro   la tortue
le robot   le taxi   le télescope   le dauphin   le bateau   le papillon   la moto
le jeu vidéo   la perruche   le train   l'ours   la poupée   le vélo   l'éléphant   le bus

animaux   **jouets**   **transports**

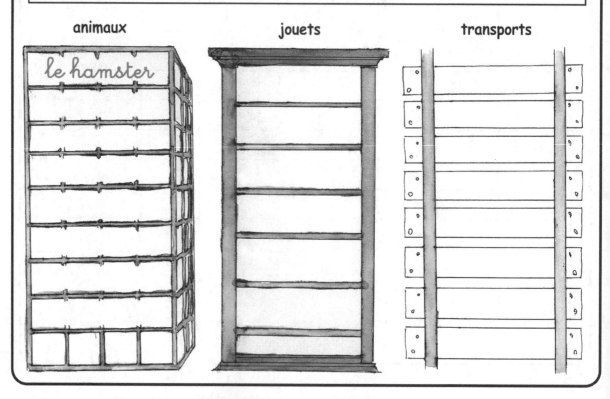

le hamster

Unité **14** LEÇON 4

Cahier de vie

Comment vas-tu à l'école ? En bus ? À pied ? À vélo ?

. . . .

Tu préfères le train ou la voiture ?

. . . .

Tu sais répondre
à ces questions ?

Livre de l'élève p. 65
GP p. 116

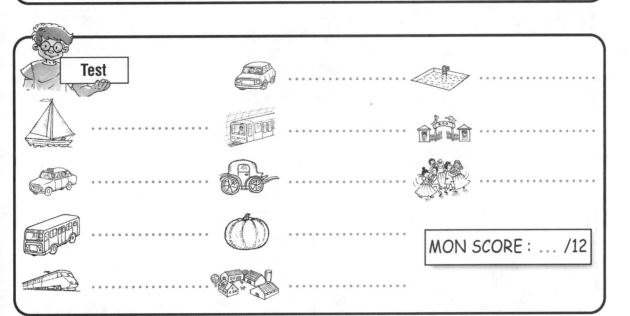

Test

MON SCORE : ... /12

Tu sais dire ces
mots en français ?
Ecris-les avec
leur article !

Auto-évaluation, Unité 14

 **Super !**    **Pas mal !**    **À revoir !**

Evalue ton travail !

 **Dico-mémento**

Découpe les mots
et colle-les,
puis contrôle
ce que tu sais !

On va à Paris ?

1A

Ecris les mots
sous les photos !

Livre de l'élève p. 66
GP p. 118

l'Arc de triomphe   le Louvre   Notre-Dame   la tour Eiffel

_____

_____

_____

_____

1B

Lis et numérote
les phrases !

Livre de l'élève p. 66
GP p. 118

Je vais / nous allons   je prends / nous prenons   je suis / nous sommes
je veux / nous voulons

1	2	3	4

5	6	7	8

☑ Je vais à Paris !   ☐ Nous sommes des touristes !

☐ Je suis une touriste !   ☐ Nous voulons voir la tour Eiffel !

☐ Je prends un taxi !   ☐ Nous allons à Paris !

☐ Je veux voir la tour Eiffel !   ☐ Nous prenons un taxi !

58

Aladin   le Roi Lion   le Roi des Singes   Troll   Alice   Baba Yaga
Afrique   Angleterre   Chine   Egypte   Norvège   Russie

2A

Relie les dessins
et écris les mots
en dessous !

Livre de l'élève p. 67
GP p. 120

. . . .

. . . .

. . . .

2B

Dessine et écris !

Livre de l'élève p. 67
GP p. 120

Je viens de France !
Et toi, tu viens d'où ?

Je viens d . . . . !

3A

Ecris une lettre à ton correspondant ou à ta correspondante !

Livre de l'élève p. 68
GP p. 122

........................, le ....

Bonjour ...., ça va ?

Je m'appelle .... J'ai ...... ans.

Je viens de ....

J'ai les yeux .... et les cheveux ....

J'ai (Je n'ai pas de)   sœur   frère   .

J'ai (Je n'ai pas de) chien.............................

J'aime ....

J'aime aussi ....

Je n'aime pas ....

Je sais .... et aussi ....

Tu vas à l'école à quelle heure ? Moi, je vais à l'école à ....

Voilà mon école :

Tu connais Paris, la tour Eiffel, Notre-Dame ?
Ecris-moi vite !

Au revoir !

....

Cahier de vie

Tu viens d'où ?

....

Tu vas à Paris ?

....

Tu vas voir la tour Eiffel ? Notre-Dame ?

....

4A

Tu sais répondre
à ces questions ?

Livre de l'élève p. 69
GP p. 124

Test

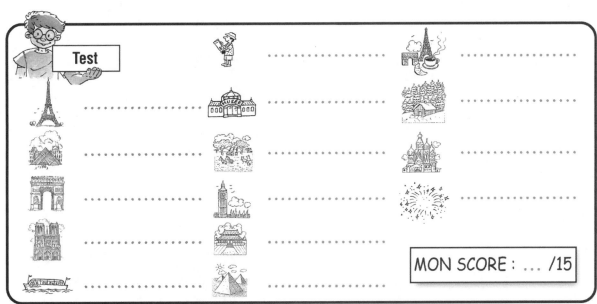

....

....

....

....

....

MON SCORE : ... /15

4B

Tu sais dire ces
mots en français ?
Ecris-les !
[Attention !
Ne pas mettre
« avec leur article »
svp.]

Auto-évaluation, Unité 15

 **Super !**

 **Pas mal !**

 **À revoir !**

4C

Evalue ton travail !

Dico-mémento

4D

Découpe les mots
et colle-les,
puis contrôle
ce que tu sais !

Unité 1

Bonjour monsieur !		Bonjour madame !			Salut !
	Au revoir !	s'appeler (je m'appelle)		**1**	un
2	deux	**3**	trois	**4**	quatre
5	cinq	**6**	six	**7**	sept
8	huit	**9**	neuf	**10**	dix

Unité 2

	le frère		la sœur		le chat
	le chien		le dragon		le hamster
	la perruche		le poisson rouge		la tortue

Unité 3

	le crayon		la gomme		le livre
	la règle		le stylo		la trousse
	blanc		bleu		jaune
	noir		rouge		vert
	prendre (je prends)		poser (je pose)		

Unité 4

	le dauphin		l'éléphant		l'ours
	le papillon		le tigre		danser (je danse)
	marcher (je marche)		nager (je nage)		sauter (je saute)

	voler (je vole)		jouer (je joue)		compter (je compte)
	chanter (je chante)		faire de la moto (je fais)		la guitare
	jouer de la guitare		le saxophone		jouer du saxophone

Unité 5

	le ballon		la poupée		le robot
	le vélo		la moto		la fille
	le garçon		les rollers		les billes
	le jeu vidéo		manger (je mange)		boire (je bois)
	dormir (je dors)		jouer aux billes		jouer à la poupée
	jouer au ballon		faire du vélo		faire du roller
	la sorcière		le gâteau		vouloir (je veux) (je voudrais)

Unité 6

11	onze	**12**	douze		le père Noël
	la bûche de Noël		les chocolats		les jouets
	l'appareil photo		le télescope		le sapin
	la bougie		la boule de Noël		l'étoile
	la guirlande		le cadeau		Noël

Unité 7

	l'abricot		la banane		l'orange
	la pêche		la poire		la pomme

les frites	le fromage	le poisson
le poulet	la salade	la galette
le panier	aimer (j'aime)	

Unité8

13 treize	**14** quatorze	**15** quinze
16 seize	**17** dix-sept	**18** dix-huit
19 dix-neuf	**20** vingt	faire du cheval
faire la cuisine	dessiner (je dessine)	écouter de la musique
jouer de la flûte	jouer au football	jongler (je jongle)
faire du judo	lire (je lis)	sauter à la corde
faire du ski	jouer au tennis	savoir (je sais)

Unité 9

le bonnet	la botte	le chapeau
la chaussette	la chaussure	la chemise
le gilet	le jean	la jupe
le pantalon	le pull	la robe
le tee-shirt	la veste	beige
gris	marron	orange
rose	violet	le clown
la fée	le magicien	le pirate

	le Pierrot	mettre (je mets)			le carnaval

Unité 10

	le café		le café au lait		les céréales
	le chocolat		la confiture		le croissant
	le jus d'orange		le lait		l'œuf
	le pain		la tartine		le thé

Unité 11

lundi	mardi	mercredi
jeudi	vendredi	samedi
dimanche	regarder la télévision (je regarde la télévision)	aller (je vais)
l'école	le cinéma	le jour
la semaine	le mois	l'année
21 vingt et un	**22** vingt-deux	**23** vingt-trois
30 trente	**40** quarante	**50** cinquante

Unité 12

	lever (je lève)		plier (je plie)		tourner (je tourne)
	secouer (je secoue)		le corps		le bras
	la main		la jambe		le pied
	la tête		les cheveux		l'œil
	les yeux		le nez		la bouche

	l'oreille		le monstre		

Unité 13

	la ferme		l'âne		le canard
	le coq		le mouton		la poule
	la vache		la chambre		le couloir
	la cuisine		la salle de bains		la salle de séjour
	les toilettes		cacher		Pâques

Unité 14

	le bateau		le bus		le métro
	le taxi		le train		la voiture
	le carrosse		la citrouille		le bal
	la piscine		le zoo		préférer

Unité 15

	la tour Eiffel		l'Arc de triomphe		Notre-Dame
	le Louvre		le bateau-mouche		le touriste
	l'Afrique		l'Angleterre		la Chine
	l'Égypte		la France		la Norvège
	la Russie		le musée		le tapis volant
	le feu d'artifice				

Édition : Martine Ollivier
Couverture : Fernando San Martín - Daniel Vega
Illustration de couverture : Jean-Claude Bauer

Maquette intérieure : Planète Publicité/Fernando San Martín - Daniel Vega
Illustrations : Jean-Claude Bauer
              Nathanaël Bronn
              Isabelle Rifaux
              Volker Theinhardt

Exercices grammaticaux complémentaires

   **L'affirmation, l'exclamation et la question**

Lis le dialogue et ajoute un **.** , un **!** , ou un **?**

– Bonjour ...

– Salut ...

– Comment tu t'appelles ...

– Moi, c'est Lila ...   Et toi ...

– Moi, je m'appelle Félix ...   Comment ça va ...

– Moi, ça va ...

– À plus tard, Lila ...

– Au revoir, Félix ...

 **La négation *ne ... pas de ...***

Regarde l'exemple et écris !

Tu as un frère ? – Non, *je n'ai pas de frère.*

1 Tu as une sœur ? – Non, ...

2 Tu as un chat ? – Non, ...

3 Tu as une perruche ? – Non, ...

4 Tu as un hamster ? – Non, ...

5 Tu as une tortue ? – Non, ...

Unité 3 **L'accord de l'adjectif**

Regarde l'exemple, complète et colorie !

Voilà un chien. Il est (blanc) *blanc.*

1 – C'est une perruche (bleu) .... ?

2 – Non, c'est une perruche (blanc) ....

et (bleu) ....

3 – C'est mon chat (noir) ....

4 – Tu as un poisson (rouge) .... ?

5 – Oui ! Et j'ai aussi une tortue (vert) ....

et (jaune) ....

Regarde l'exemple et complète !

Je (danser) *danse* comme un ours.

1 Tu (sauter) .... comme un tigre.

2 Tu (marcher)............................... comme un éléphant.

3 Je (nager) .... comme un dauphin.

4 Je (chanter) .... comme une perruche.

5 Tu (jouer) .... comme un hamster.

6 Je (vole) .... comme un papillon.

Unité 5   L'article indéfini

Complète par **un**, **une** ou **des** !

Pour mon anniversaire, je veux .... ballon.

– Mais tu es .... fille !

Tu ne veux pas .... poupée ?

– Non, non ! Ou alors je veux .... rollers,

.... jeu vidéo ou .... billes !

Ou encore .... guitare ou .... livres !

– Et .... robot ?

– Mais, je ne suis pas .... garçon !

Unité 6 — L'article défini

Complète par *le*, *la*, *l'* ou *les* !

À Noël, il y a .... père Noël, ... bûche

de Noël, ... cadeaux, ... jouets et

.... chocolats, miam ! Il y a aussi ....

bougies dans .... sapin, ...

guirlandes et .... étoile en haut du sapin.

Comme c'est joli !

Chante .... chanson de Noël avec moi !

Unité 7 — Les verbes du 1er groupe aux 1re, 2e et 3e personnes du singulier

Regarde l'exemple et complète !

(chanter) Toi, tu *chantes*, et ta sœur aussi, elle (chanter) *chante* ?

1 (manger) Moi, je .... des frites, et toi aussi, tu .... des frites ?

2 (compter) Moi, je .... jusqu'à 20 en français, et ta sœur aussi,

elle .... jusqu'à 20 en français ?

3 (aimer) Toi, tu .... les chats, et ta sœur, elle .... les chats ?

4 (sauter) Moi, je .... à la corde, et toi aussi, tu .... à la corde ?

5 (jouer) Toi, tu .... aux billes, et ta sœur, elle .... aux billes ?

6 (nager) Moi, je .... le crawl. Et toi aussi, tu .... le crawl ?

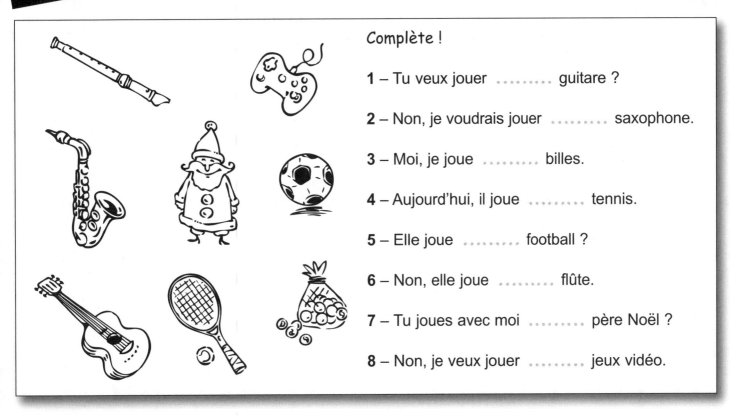

Complète !

1 – Tu veux jouer .... guitare ?

2 – Non, je voudrais jouer .... saxophone.

3 – Moi, je joue .... billes.

4 – Aujourd'hui, il joue .... tennis.

5 – Elle joue .... football ?

6 – Non, elle joue .... flûte.

7 – Tu joues avec moi .... père Noël ?

8 – Non, je veux jouer .... jeux vidéo.

Unité 9   L'adjectif possessif *mon, ma, mes* / *ton, ta, tes*

Complète !

1 – Qu'est-ce que tu fais ? – Je mets .... pantalon.

2 – Tu mets .... chemise ? – D'accord !

3 – Et là, je mets .... chaussettes.

4 – Et maintenant, tu mets .... bottes ? – Oui !

5 – Tu mets .... pull ? – Euh, oui.

6 – Je mets .... veste et aussi .... bonnet.

7 – Tu ne mets pas .... chapeau ?

8 – Si, aujourd'hui, je mets .... chapeau !

Complète avec l'article défini *le*, *la*, *les* ou l'article partitif *du*, *de la*, *des* ou *de* !

1 Au petit déjeuner, je bois .... jus d'orange : j'aime beaucoup .... jus d'orange.

2 Je prends aussi .... café au lait et .... croissants.

3 Et je prends .... pain, ... beurre et .... confiture.

4 J'adore .... confiture d'abricots ! Mais aujourd'hui, il n'y a pas .... confiture.

5 Je mange aussi .... pommes. Tu aimes .... pommes ?

6 Je voudrais .... gâteau. Il y a .... gâteau ?

7 Non, il n'y a pas .... gâteau et pas .... confiture.

8 Alors, je vais manger .... céréales !

Regarde l'exemple et écris !

Le numéro trente-neuf est un appareil photo.

1 ....

2 ....

3 ....

4 ....

5 ....

6 ....

Unité 12 L'impératif aux 2ᵉ personnes du singulier et du pluriel

Regarde les exemples et écris !

Tu ne sautes pas ? *Saute* ! – Vous ne marchez pas ? *Marchez* !

1 Tu ne plies pas les bras ? .... !

2 Tu ne sautes pas sur un pied ? .... !

3 Vous ne tournez pas la tête ? .... !

4 Vous ne secouez pas les mains ? .... !

5 Tu ne lèves pas les bras ? .... !

6 Vous ne dansez pas ? .... !

Unité 13 Le pluriel des noms communs

Regarde l'exemple et mets les <u>noms soulignés</u> au pluriel !

Prête-moi <u>ton crayon</u> ! → *Prête-moi tes crayons !*

1 Je mets <u>ma botte</u>. ....

2 J'ai <u>un animal</u>. ....

3 Je veux <u>un cadeau</u>. ....

4 Tu aimes <u>le chapeau</u> ? ....

5 Voilà <u>une bille</u>. ....

6 Donne-moi <u>mon livre</u> ! ....

7 Il y a <u>un ours</u> ? ....

8 Le monstre a <u>un œil</u>. ....

RAPPEL

On forme le pluriel en ajoutant un **s** au singulier
le chien → les chiens

Les noms en **-au**, **-eau**, **-eu** prennent un **x** au pluriel.
le gâteau → les gâteaux
le jeu → les jeux

Les noms en **-al** font leur pluriel en **-aux**
le cheval → les chevaux

Les noms terminés par **s**, **x** ou **z** au singulier ne changent pas au pluriel
le nez → les nez

Le pluriel de **œil** est **yeux** !

79

Les prépositions à et en + moyens de transport

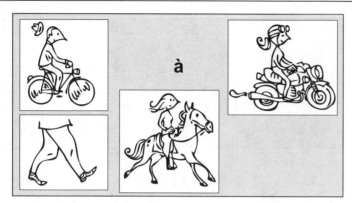

à

en

Complète !

1 – Tu vas au cinéma .... bus ?

2 – Non, je vais au cinéma .... vélo.

3 – Il va à la ferme .... cheval !

4 – Mais elle, elle va à la ferme .... voiture.

5 – Je veux aller au zoo .... moto.

6 – Non, va au zoo .... métro !

7 – Je vais à l'école .... pied.

8 – Et moi, je vais à l'école .... bateau.

Unité 15 **Des verbes irréguliers : avoir, être, aller, prendre**

Complète !

1 (être) Nous .... des touristes.

2 (avoir) J'......... un tapis volant !

3 (avoir) Toi, tu .... les Bottes de sept lieues.

4 (être) On .... à Paris.

5 (prendre) Je .... le métro.

6 (aller) Elle .... à Notre-Dame.

7 (aller) Tu .... au Louvre ?

8 (prendre) Alors, nous .... le bateau-mouche !

avoir
j'ai
tu as
il / elle / on a
nous avons
être
je suis
tu es
il / elle / on est
nous sommes
aller
je vais
tu vas
il / elle / on va
nous allons
prendre
je prends
tu prends
il / elle / on prend
nous prenons

On s'entraîne pour le DELF Prim A1.1 !

Nom : .... Prénom : **1**

Compréhension de l'oral (25 points)

Activité 1 (8 points)

Regarde d'abord les dessins ! Puis écoute les dialogues et note le numéro de chaque dialogue sous le dessin correspondant ! Tu as deux écoutes !

Dialogue n° ...   Dialogue n° ...   Dialogue n° ...   Dialogue n° ...

Activité 2 (9 points)

Prends des feutres ou des crayons de couleur : tu as besoin d'un bleu, d'un jaune, d'un vert, d'un rouge et d'un noir ! Puis écoute et colorie ! Tu as deux écoutes !

Activité 3 (8 points)

Regarde d'abord les dessins ! Puis écoute et note les bons numéros sous les dessins ! Tu as deux écoutes !

Compréhension des écrits (25 points)

Activité 1 (6 points)

Lis les listes de courses et écris le prénom correspondant sous chaque dessin !

cinq crayons
deux gommes
un stylo
une règle
un livre
des billes

Ivan

deux livres
un stylo
une règle
une poupée
une gomme
six crayons

Paola

deux stylos
quatre trois crayons
un robot
deux gommes
des billes
une règle

Arthur

1 ....

2 ....

3 ....

Activité 2 (6 points)

Regarde bien et réponds « oui » ou « non » !

Bienvenue au zoo de Thoiry !

130 espèces, 150 hectares, 1 000 animaux

Visitez la réserve africaine et ses 8 km de safari !
Visitez le château de Thoiry !

1 C'est une affiche pour un film ? ☐ oui ☐ non

2 C'est une affiche pour un zoo ? ☐ oui ☐ non

3 Il y a des éléphants ? ☐ oui ☐ non

4 Il y a des dauphins ? ☐ oui ☐ non

5 Il y a des tigres ? ☐ oui ☐ non

6 Il y a des ours ? ☐ oui ☐ non

Activité 3 (7 points)

Associe chaque phrase à un lutin ! Exemple : 1-A

A Moi, je danse comme un papillon !

B Je vole comme un dragon !

C Oh ! Je chante comme une perruche !

D Chut ! Je marche comme un tigre !

E You-hou ! Je nage comme un dauphin !

F Et moi, je mange comme un ogre !

G Moi, je saute comme un éléphant !

Activité 4 (6 points)

Lis les messages puis coche la case « vrai », « faux » ou « ? » (je ne sais pas) !

À : Rania
Objet : Anniversaire

Bonjour ! Le 10, c'est mon anniversaire ! J'ai 8 ans. Tu veux manger, boire, jouer, danser ? Alors, viens ! À plus tard, Mehdi

À : Alice
Objet : Anniversaire

Aujourd'hui, c'est mon anniversaire ! Je veux nager avec un dauphin : super, non ? Salut ! Lola

À : Tom
Objet : Joyeux anniversaire !

Bonjour Tom ! Aujourd'hui, c'est ton anniversaire ! Tu as un vélo. Tu as une guitare. Alors, voilà des rollers pour toi ! Joyeux anniversaire ! Ta sœur Tatiana

1 C'est l'anniversaire de Rania. ☐ vrai ☐ faux

2 Lola a huit ans. ☐ vrai ☐ faux

3 Mehdi nage avec un dauphin. ☐ vrai ☐ faux

4 Mehdi veut des rollers. ☐ vrai ☐ faux

5 Tom a un vélo. ☐ vrai ☐ faux

6 Tatiana a un frère. ☐ vrai ☐ faux

Production écrite (25 points)

Activité 1 (10 points)

Tu veux t'inscrire à **LOCACLUB**, un site de location de jeux et de jouets. Remplis la fiche !

LOCACLUB le site de location de jeux et de jouets

Ton prénom : ....

Ton âge : ....

Tes loisirs (Ce que tu fais) : ....

....

Tes frères et sœurs : ....

Activité 2 (15 points)

C'est ton anniversaire. Écris en français à un(e) ami(e) ce que tu veux faire pour ton anniversaire ! Tu peux t'aider des illustrations !

Cher / Chère ....

Pour mon anniversaire, je veux ....

....

....

....

....

Production orale (25 points)

Activité 1 (11 points)
Présente-toi !

> Tu t'appelles comment ?
>
> Tu as quel âge ?
>
> Tu as des frères et des sœurs ?
>
> Tu as un animal domestique ?
>
> Qu'est-ce que tu fais ? Tu joues au ballon ?
>
> Tu joues aux billes ? Tu fais du roller ? Tu fais du vélo ? Tu nages ? Tu danses ?
>
> Tu joues à des jeux vidéo ? etc.

Activité 2 (6 points)
Devinette : Ton professeur « cache » l'image d'un animal ! Pose-lui des questions pour découvrir de quel animal il s'agit !

> C'est un chat ? C'est une tortue ? C'est un poisson ? etc.
>
> Il (elle) est noir(e) ? vert(e) ? rouge ? etc.

Activité 3 (8 points)
Demande à un(e) ami(e) de te prêter un objet !

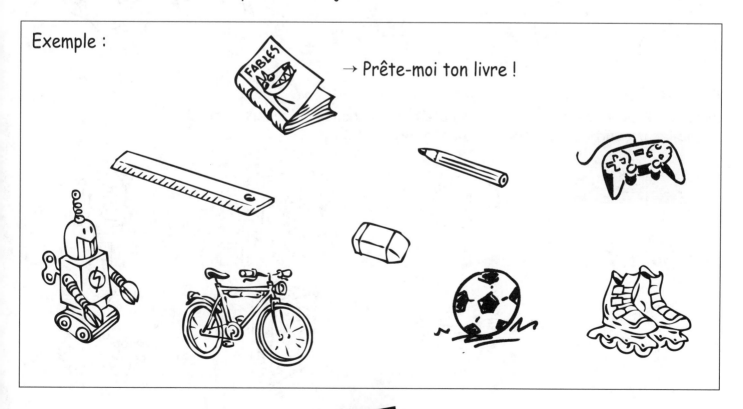

Exemple :

→ Prête-moi ton livre !

On s'entraîne pour le DELF Prim A1.1 !

Nom : .... Prénom : ....

Compréhension de l'oral (25 points)

Activité 1 (9 points)

Le père Noël a des cadeaux pour Sethy, Lisa et Léo. Écoute bien et écris leur prénom sous les dessins ! Tu as deux écoutes !

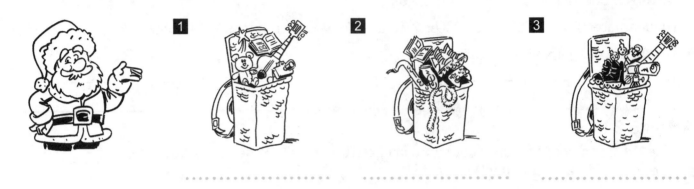

....

Activité 2 (8 points)

Prends des feutres ou des crayons de couleur : tu as besoin d'un marron, d'un orange, d'un rose, d'un violet, d'un noir et/ou d'un gris ! Puis écoute et colorie ! Tu as deux écoutes !

Activité 3 (8 points)

Regarde d'abord les dessins ! Puis écoute cette annonce au supermarché !
Coche les produits cités ! Tu as deux écoutes !

Compréhension des écrits (25 points)

Activité 1 (6 points)
Regarde bien et écris le nom d'un clown sous chaque bulle !

1 Miam ! J'aime beaucoup les frites, la salade et le gâteau au chocolat !

2 J'aime les frites et le poisson, mais je n'aime pas le gâteau au chocolat !

3 Le gâteau au chocolat ? J'aime ! Et j'aime aussi le poulet et le fromage !

. . . .

Activité 2 (6 points)
Regarde bien et réponds « oui » ou « non » !

le 16 février à 20 heures

Nuit des sorcières, des magiciens et des fées !

Fête de Carnaval pour les enfants de 4 à 11 ans !
Musique – Jeux – Boissons – Sandwichs
Pour toute information : 07 85 24 39 16

1 C'est une affiche pour Noël ? ☐ oui ☐ non   **4** C'est une fête pour les fées ? ☐ oui ☐ non

2 C'est une affiche pour le carnaval ? ☐ oui ☐ non   **5** C'est une fête pour les pirates ? ☐ oui ☐ non

3 C'est une fête pour les enfants ? ☐ oui ☐ non   **6** Il y a à manger ? ☐ oui ☐ non

Activité 3 (6 points)

Valentine et Sam écrivent une lettre de vacances à leurs parents. Lis leur lettre puis coche la case « vrai » ou « faux » !

> Chère maman, cher papa !
>
> Je nage et je marche beaucoup. Je sais aussi faire du cheval, c'est super. Mon cheval s'appelle Domino. Aujourd'hui, c'est le carnaval : je mets mon pantalon, ma veste et mon chapeau de Pierrot ! Et je joue de la guitare... comme Pierrot !
> Bises à vous deux,
>> Valentine

> Bonjour maman, bonjour papa !
>
> Ça va bien. Je joue au tennis, c'est super ! Je fais aussi du vélo et du roller. J'aime bien. Je fais du cheval, mais ça ne va pas : je ne sais pas ! Je mange beaucoup de frites et de gâteaux, miam ! Et, je dors beaucoup...
> Gros bisous,
>> Sam

1 Valentine fait du vélo.   ☐ vrai ☐ faux

2 Sam fait du roller.   ☐ vrai ☐ faux

3 Sam aime jouer au tennis et faire du vélo.   ☐ vrai ☐ faux

4 Valentine mange beaucoup de gâteaux.   ☐ vrai ☐ faux

5 Sam sait faire du cheval.   ☐ vrai ☐ faux

6 Aujourd'hui, Valentine a un pantalon blanc et une veste blanche. ☐ vrai ☐ faux

Activité 4 (7 points)

Lis et reporte les prix !

C'est les soldes ! Le pantalon coûte vingt euros. La robe est à dix-huit euros. Le pull est à huit euros. Les chaussettes ? Cinq euros ! Le bonnet est à six euros. La jupe coûte douze euros. Le tee-shirt : dix euros. Et la chemise ? Elle est à quinze euros ! Super !

88

Production écrite (25 points)

Activité 1 (10 points)

Tu pars en vacances et tu écris la liste des dix vêtements et objets que tu emportes !

deux t ....   des c ....

un j ....   des c ....

un p ....   une v ....

deux p ....   mon a .... p ....

une c ....   et mon o .... !

Activité 2 (15 points)

Tu envoies un message en français à un(e) ami(e) et tu lui dis tout ce que tu sais faire !
Tu peux t'aider des illustrations !

À :	Mon ami(e)
Objet :	Message

Bonjour !

Ça va ? Moi, je sais ....

....

....

....

Et toi ? Qu'est-ce que tu sais faire ?

....

Production orale (25 points)

Activité 1 (10 points)

Décris tes activités préférées et celles que tu n'aimes pas !

Tu aimes chanter ? dessiner ?

Tu aimes danser ? nager ?

Tu aimes sauter à la corde ? jongler ?

Tu aimes faire du vélo ? faire du roller ?

Tu aimes jouer aux billes ? jouer à des jeux vidéo ? jouer au football ? jouer au tennis ?

Tu aimes faire du cheval ? faire du judo ? faire du ski ? faire la cuisine ?

Activité 2 (7 points)

Devinette : Ton professeur a le portrait d'un personnage de conte. Pose-lui des questions pour découvrir de qui il s'agit et savoir quelles sont les couleurs de ses vêtements !

C'est un clown ? Une fée ? un magicien ? un Pierrot ? etc.

Il a un pantalon rouge ? Elle a une robe bleue ? Il a une veste violette ? etc.

Activité 3 (8 points)

Tu es chez ton (ta) correspondant(e) français(e) et tu prends ton petit déjeuner : demande ce que tu voudrais !

Exemple :

→ Je voudrais du pain, s'il vous plaît !

On s'entraîne pour le DELF Prim A1.1 !

Nom : .... Prénom : ....

Compréhension de l'oral (25 points)

Activité 1 (8 points)

Tu appelles le cinéma « Le Grand Rex ». Écoute le répondeur et associe chaque film au bon horaire ! Tu as deux écoutes !

Activité 2 (9 points)

Tu visites Paris en bus. Écoute la guide et numérote les monuments dans l'ordre ! Tu as deux écoutes !

Activité 3 (8 points)

Tu visites maintenant le musée du Louvre. Un guide te présente les statues d'**Adonis**, de **Vénus**, de **Jupiter** et de **Diane** : écris leur nom sous les statues ! Tu as deux écoutes !

1  **2**  **3**  **4**

....

Compréhension des écrits (25 points)

Activité 1 (6 points)

Lis les messages et numérote les images correspondantes !

1 Lundi, je regarde la télévision !

2 Mardi, je vais au cinéma avec Mamie !

3 Mercredi, je joue du saxophone !

4 Jeudi, je vais au musée !

5 Vendredi, je fais du roller avec mon chien.

6 Et samedi, je vais nager !

A

B

C

D

E

F

Activité 2 (6 points)

Ton ami(e) vient à Paris avec ses parents, ses deux sœurs, son frère et son chien.
Tu cherches un appartement pour eux. Choisis la bonne petite annonce !

1 Appartement de trois pièces avec une grande salle de séjour et deux petites chambres – salle de bains, cuisine. Vue sur la tour Eiffel.

2 Rue de la Chine : Appartement de cinq pièces avec quatre chambres et une salle de séjour – grande cuisine, pas de salle de bains.

3 Près de Notre-Dame ! Deux pièces avec une chambre et une salle de séjour – salle de bains et petite cuisine. Un appartement très joli !

4 Six pièces : une grande salle de séjour et cinq chambres – cuisine, salle de bains. À deux heures de Paris en train.

5 Bel appartement : six pièces avec une salle de séjour et cinq chambres – deux salles de bains et une grande cuisine. Bus et métro à proximité.

6 Champs-Élysées – Arc de triomphe : Cinq pièces avec une salle de séjour et quatre chambres – salle de bains et grande cuisine. Pas d'animaux, s'il vous plaît !

Ton choix : l'appartement n° ...

Activité 3 (6 points)

Lis les portraits des monstres et écris leur nom sous les « photos » !

1 Blorg a trois yeux, un nez, une bouche avec quatre dents et quatre oreilles. Il n'a pas de cheveux.

2 Blirg a deux yeux, une bouche, un nez, deux oreilles et trois cheveux. Il n'a pas de dents.

3 Blurg a une bouche avec deux dents et pas d'oreille. Il a deux yeux, un nez et des cheveux.

4 Blerg a des cheveux, trois yeux, un nez, une bouche avec trois dents et deux oreilles.

5 Blarg n'a pas de nez. Il a des cheveux, une bouche avec quatre dents, deux yeux et deux oreilles.

6 Blourg a quatre oreilles, un nez, des cheveux, une bouche avec deux dents et trois yeux.

Activité 4 (7 points)

Lis le blog de Clotilde puis coche la case « vrai », « faux » ou « ? » (je ne sais pas) !

◄ ►	+	http://www.leblogdeclotilde.com	🔍

Mercredi 12

Aujourd'hui, je visite la ferme de Paris avec mon frère Mattéo. Moi, j'ai mes bottes et mon chapeau ! Dans la ferme, il y a des canards, des poules, des coqs, des moutons, des vaches et un âne. Je n'ai pas peur de l'âne, mais j'ai peur des vaches. Je donne une pomme à l'âne et Mattéo donne du pain aux poules … Dans une maison, à côté de la ferme, il y a une grande cuisine. On peut faire de la confiture avec des abricots, miam ! On peut faire aussi du pain. Cette ferme est super !

1 Il y a une ferme à Paris.   ☐ vrai   ☐ faux   ☐ ?

2 Dans la ferme, il y a des chevaux.   ☐ vrai   ☐ faux   ☐ ?

3 Clotilde a peur des ânes et des moutons.   ☐ vrai   ☐ faux   ☐ ?

4 Mattéo donne des pommes aux poules.   ☐ vrai   ☐ faux   ☐ ?

5 Clotilde a une veste et Mattéo a un bonnet.   ☐ vrai   ☐ faux   ☐ ?

6 À côté de la ferme, on peut faire de la confiture et du pain. ☐ vrai   ☐ faux   ☐ ?

7 Clotilde aime la ferme de Paris.   ☐ vrai   ☐ faux   ☐ ?

Production écrite (25 points)

Activité 1 (10 points)

Voici une fiche d'entraînement pour de la gymnastique. Complète-la !

Lève la tête !

Activité 2 (15 points)

Tu écris en français à un(e) ami(e) : tu lui dis quand – quels jours et à quelle heure
– et comment – avec quel(s) moyen(s) de transport – tu vas à l'école !

Bonjour à toi !

Je vais à l'école le ....

....

....

....

....

Et toi ?

....

Production orale (25 points)

Activité 1 (10 points)

Décris ta maison ou ton appartement et ce que tu y fais !

> Il y a combien de pièces dans ta maison ou ton appartement ?
>
> Il y a combien de chambres ?
>
> Il y a une grande salle de séjour ? une grande cuisine ?
>
> Tu regardes la télévision dans ta chambre ? dans la salle de séjour ? dans la salle de bains ?
>
> Tu manges dans ta chambre ? dans la cuisine ? dans la salle de séjour ?
>
> Où est-ce que tu fais du sport ? Où est-ce que tu travailles pour l'école ? Où est-ce que tu joues ?

Activité 2 (7 points)

Devinette : Ton professeur a le portrait d'un monstre. Pose-lui des questions pour savoir combien de têtes, d'yeux, de bras, de jambes, etc. il a et dessine-le !

> Il a combien de têtes ? Il a combien d'yeux ? Il a combien de bras, etc.
>
> Il a combien de nez ? d'oreilles ? de bouches ? etc.
>
> Il a des cheveux ? Ils sont de quelle couleur ?
>
> Ses bras, ses jambes sont de quelle couleur ? etc.

Activité 3 (8 points)

Explique à ton ami(e) français(e) ce que tu veux faire à Paris !

Je veux aller au Louvre en taxi !   1 Je veux aller au ... en ... !   2 Je veux aller à ... en ... !

     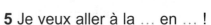

3 Je veux aller à l'... à ... !   4 Je veux aller à la ... à ... !   5 Je veux aller à la ... en ... !

  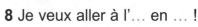

6 Je veux aller à la ... à ... !   7 Je veux aller au ... en ... !   8 Je veux aller à l'... en ... !

Édition : Martine Ollivier
Couverture : Daniel Musch
Illustration de couverture : Jean-Claude Bauer

Maquette intérieure : Planète Publicité
Illustrations : Jean-Claude Bauer
           Nathanaël Bronn
           Volker Theinhardt

Recherche iconographique : Nadine Gudimard
Crédits photos : p.58g : Hoa Qui/S. Grandadam - p.58mh : Hoa Qui/M. Renaudeau
- p.58mb : Hoa Qui/M. Renaudeau - p.58d : Hoa Qui/J.F. Lanzarone

Imprimé en Italie par Grafica Veneta S.p.A. en avril 2016
N° d'éditeur : 10225185
Dépôt légal : février 2012